Vieillissimo

Véronique Griner-Abraham

Préface d'Arthur Dreyfus

2014
PRESSES DE L'ÉCOLE DES HAUTES ÉTUDES EN SANTÉ PUBLIQUE

ISBN : 978-2-8109-0137-1
www.presses.ehesp.fr

À la mémoire de mes parents qui n'ont vécu que six décennies. Même si j'ai fait médecine pour leur plaire et psychiatrie pour leur déplaire, je leur dois tout.

À mes grands-mères. L'une, notre pilier de sagesse, n'a pas fêté ses 100 ans à quelques mois près. L'autre, jusqu'à sa mort dans sa 97e année, persistait à se maquiller et à sourire aux jeunes aides-soignants de sa maison de retraite...

Les premiers ne m'ont pas permis de les accompagner dans leur vieillissement, les secondes m'ont toujours donné l'envie de travailler auprès de ceux et celles qui leur ressemblent.

Aux équipes qui m'ont supportée dans mes retards et mes indécisions jour après jour.

À mes malades.

Préface

Depuis longtemps un métier a disparu dans le cinéma français : c'est celui de dialoguiste. Que prouvaient Michel Audiard, Henri Jeanson, ou Jacques Prévert ? Ils nous disaient que la substance de la vie réside moins dans la vie elle-même que dans ses mots. S'attachant peu à la résonance magnétique, davantage à la biopsie du verbe, Véronique Griner-Abraham rafraîchit cette vérité. À chaque page, à chaque ligne, le scénariste en nous voudrait garder en mémoire des dialogues trop cocasses pour être vrais. Pourtant ils existent, ce vieux monsieur persuadé dans la Bretagne actuelle qu'il faut rejoindre De Gaulle en Angleterre, ou cette vieille dame capable d'éprouver pour une voiture rouge un élan d'amour « jamais ressenti pour un homme ». Si à bien des égards, la vieillesse est un naufrage – en particulier celui du corps –, elle est aussi l'occasion de revenir (ou de parvenir enfin) à la seule chose qui compte : le regard sur la vie. Même chez celui qui n'a pas *souhaité* vieillir, ou qui ne s'en est pas aperçu, la vieillesse altère tout. Le comprendre, c'est accepter que le chemin contienne plusieurs périodes, plusieurs moments qui tous induisent leur lot de capacités, et d'incapacités. Soyons-en sûrs : ces octogénaires, ces nonagénaires, ce sont nous demain. Sachons-le : ces histoires de dentiers, de démence, de déambulateurs, et de souvenirs obsédants, n'ont que l'apparence de la science-fiction.

Serai-je un jour amenée à finir dans un tel environnement? En se posant la même question que Bérenger Ier dans *Le roi se meurt*, Véronique Griner-Abraham nous parle de la même chose que Ionesco : comment vivre en sachant ce qui se profile à l'horizon, sans l'oublier – mais sans devenir fou ? La réponse se trouve dans *Vieillissimo*, lorsque notre psychiatre écrit qu'elle ne sauve certes pas de vie, mais qu'elle « accompagne » avec amour, et intelligence, « les dernières années ». Au-delà de la fameuse *dépendance*, ce sont celles du bilan, où la vie revient à ce par quoi elle a commencé : les mots. Ils sont parfois effacés, absurdes, difficiles à discerner, tragiques aussi ; mais souvent drôles. On s'étonne couramment du peu de suicides survenus dans les camps de concentration nazis. On s'étonne, en somme, de la force du désir de vie. Pourquoi aimons-nous vivre ? D'où nous vient la curiosité de vivre ? Avec une sensibilité rare, un sens délicieux du burlesque, et une passion communicative, Véronique Griner-Abraham apporte ici des éléments de réponse à ce mystère envoûtant.

Arthur Dreyfus

«Je crois qu'elle ne fait que les vieux»

UN JOUR, J'AI ENTENDU CETTE PHRASE DANS UNE SALLE D'ATTENTE. Elle m'a fait rire. Pendant longtemps, c'est vrai, je n'ai fait que les vieux. Il faut avoir décroché un téléphone de psychiatre pour comprendre. Il y a ceux qui demandent : *« Vous faites les enfants ? »* Non, je ne fais pas les enfants ou plutôt si, j'en ai fait deux, Dieu merci, ça m'a suffi. J'entame la période 14-18 (ans), une autre guerre de tranchées.

Les pédopsychiatres, on en manque, tout le monde le sait, mais je préfère les vieux. *« Et vous n'en avez pas assez ? Ça doit être déprimant... »* Comme si la vieillesse se résumait à des odeurs d'urine et à des lits médicalisés.

Un psychiatre chic, ça doit faire des « hum hum » derrière un bureau et réfléchir à ce qui est forclos. Un psychiatre chic, ça ne s'installe pas sur une pile de *Pèlerin Magazine*, à proximité de ce qu'on nomme pudiquement « protections », et d'un dentier dans un verre d'eau.

D'abord, un psychiatre qui s'occupe des vieux, comment l'appeler ? Géronto-psychiatre ? Psycho-gériatre ?

Pendant dix ans, chaque matin, j'ai été accueillie par la phrase rituelle de ma secrétaire : *« Tu vas recevoir un appel téléphonique de la fille d'une dame qui a perdu la tête. »* Eh oui ! J'étais la spécialiste de ceux qui perdent la tête. Je n'y faisais même plus attention, je trouvais que j'avais une jolie spécialité. Ceux qui perdent la tête sont souvent les plus authentiques. Parfois, c'était le contraire : *« Elle ne va pas bien, mais par ailleurs, elle a toute sa tête ! »*

Être psychiatre, c'est être quotidiennement en contact avec des choses qui dépassent l'entendement, qui touchent à l'insolite, à l'énigme. Ce travail nécessite une certaine curiosité, et souvent une bonne dose d'humour. Malgré toutes les tentatives d'objectivation pour mettre l'angoisse et le malaise à distance, l'approche du patient reste instinctive et subjective. En général, s'intéresser au plaisir de fonctionner plutôt qu'au déplaisir de décliner guide le choix des pratiques professionnelles.

Pourquoi donc évoquer cette spécialité boudée par les jeunes internes pendant des années ? Entre un vieux qui devient fou et un fou qui devient vieux, parler de « bonheurs de psychiatre » deviendrait presque indécent ! Quant à souffrir de sa vieillesse, c'est un luxe non autorisé à l'heure grave du problème de financement des retraites et de la dépendance.

Que dire de ces « histoires de petits vieux » ? La révolution de la longévité se confronte à celle de la communication. Cet étrange pays qu'est la grande vieillesse, que les globe-trotters ne semblent pas pressés de visiter, n'a pas de blogueurs. La transmission serait-elle alors vaine ?

Certains des patients dont je me suis inspirée ici sont aujourd'hui passés dans les « avis de convois », comme ils le disaient. J'espère que là où ils sont, ils ne me tiendront pas rigueur de mon avidité à les écouter. Se sont-ils sentis entendus ? C'est en fait la seule question qui compte...

J'aime les vieux parce que j'aime les histoires. J'aime les histoires longues et les bons conteurs. Tous mes patients me racontent une histoire. Il y en a des drôles, des tristes, des belles, beaucoup d'histoires de guerre et d'histoires d'amour.

Quand j'avais cinq ans, j'écoutais inlassablement ma mère me lire *Ali Baba et les quarante voleurs*... Au moment où elle prenait une voix solennelle pour dire : *« Ouvre-toi Sésame »*, je la reprenais : *« Maman, tu t'es trompée ! C'est : "Ouvre-moi Suzanne !" »* Ce qui la faisait immanquablement éclater de rire. C'est alors que la grotte s'ouvrait et dévoilait ses trésors volés...

Finalement, à qui ai-je fini par m'identifier, à cette Suzanne qui n'existait pas ? Ou au chef des voleurs disant à la grotte magique : « Ouvre-toi Sésame » ? Toujours est-il que les trésors, ce n'est plus ce dessin de coffres regorgeant de pièces d'or et de bijoux, mais un sourire sur une peau fanée, des rides qui s'ajoutent au coin des yeux, et un regard qui se fait plus lointain... Je crois maintenant que les grottes magiques existent et qu'il peut quand même exister des Suzanne pour celles qui ont du mal à s'ouvrir toutes seules.

Plus de quarante-cinq années ont passé. J'aime toujours autant les histoires...

Si cette vocation de médecin a pris place il y a longtemps dans mon imaginaire, elle n'a pas résisté à la réalité de la médecine. En classe de quatrième, je me souviens d'une rédaction où je me décrivais en médecin de campagne sillonnant les fermes pour *« boire un coup de rouge et remonter le moral des vieilles... »* Je vois encore ce point d'interrogation en rouge dans la marge et mes parents mortifiés devant l'enseignante.

L'année de mon bac, passionnée par le latin, j'ai voulu faire lettres classiques. Mon autre choix se portait sur l'école de la photographie à Marseille. Je me suis heurtée au profond désaccord de mes parents qui m'ont fortement orientée vers la médecine : *« On aura toujours besoin de médecins. Tu auras un vrai métier entre les mains, pour une femme, c'est plus important d'avoir un métier que pour un homme... Ne dépendez jamais d'un homme, mes filles ! »*

La première année, le bizutage était terrible : 900 inscrits pour 151 places ! Contre toute attente, j'ai été reçue 137e. Chiffres fétiches.

Dans les salles de dissection, j'ai fait la brave et pourtant, je me souviendrai toute ma vie du bras que j'ai découpé, posé sur une paillasse : un bras de femme jeune, bronzé, aux ongles rouges soigneusement vernis. Un vernis chic, pas écaillé, pas un vernis de squatteuse désespérée, un vernis de bourgeoise. Serait-ce la raison de mon aversion pour le vernis ? Il y avait quelque chose de pathétique dans ces restes de séduction. Cette femme n'y avait probablement pas réfléchi en faisant don de son corps à la médecine. On peut penser à l'accident en choisissant ses sous-vêtements le matin, aux pompiers et aux urgentistes qui nous déshabilleront, mais on ne pense pas finir sur une table de dissection devant des carabins qui font les fiers et n'en mènent pas large.

Je me souviens aussi du premier jour au bloc opératoire. Une infirmière de bloc m'avait orientée vers le vestiaire des hommes. Pas un mot d'explication pour l'habillage, juste un placard montré du menton. (Vieille garce qui doit pourrir dans un long séjour en chemise ouverte…) C'est ainsi que j'ai fait mon entrée en chirurgie viscérale, deux charlottes aux pieds, un chausson en papier sur la tête, mes mains soigneusement lavées jusqu'aux coudes devant moi. L'agrégé était exaspéré parce que les deux externes d'avant s'étaient évanouies.

Il a levé la tête, interloqué par mon accoutrement, n'a rien dit à part: *«Quelle pointure vous faites?»* D'une voix nouée par l'angoisse, j'ai répondu *«35»* avant de réaliser (en voyant l'interne pouffer derrière son masque) qu'il me demandait la taille de mes gants... Il a répondu: *«Savez-vous, mademoiselle, que vos godasses ne m'intéressent pas?»* Il y a des jours où on a vraiment envie de disparaître sous terre. *«Bon, l'essentiel, c'est que vous teniez le coup, sur ces petits pieds...»*

Le jour suivant, prête à l'heure et correctement habillée, je pouvais répondre à la question. Ma pointure c'était 6 ou 6 et demi, selon les stocks. (Petits pieds, petites mains, petite taille... Tous ces gens en pyjama bleu ou vert devaient aussi penser «petit cerveau»...) L'agrégé m'a demandé mon nom. Je ne respirais plus, imaginais le refus de validation de ce stage. Mais non. *«Et avec ce nom et ces yeux-là, puisque je ne vois pas le reste, vous êtes bretonne ou israélite?»*

Des souvenirs de service d'urgence me reviennent, comme cet autre épisode honteux de mes années de formation. J'ai 25 ans, je suis de garde pour la première fois aux urgences. Un homme arrive sur un brancard, crachotant dans un mouchoir. Son médecin l'accompagne. L'air inquiet, il évoque une possible hémorragie digestive. Je mets le patient dans un box, ferme la porte et termine mes sutures commencées sur un vitrier: la vitre posée n'a pas supporté son coup-de-poing pour tester l'antichoc ! Je m'applique. Après trois soirs d'exercice sur des clémentines, je commence à faire de jolis nœuds. Assez satisfaite de mon ouvrage, je retourne voir «l'entrée». Je pousse la porte et découvre avec horreur un patient d'une pâleur extrême. Les murs sont couverts de sang. Je referme la porte, m'adosse contre le chambranle et appelle les infirmiers en tremblotant : *«Il faut un médecin, vite !»* Ils me regardent médusés : *«Mais c'est toi le médecin !»* Catastrophe ! Oui, c'est moi. J'ai fait médecine pour plaire à mes parents alors que je voulais faire lettres classiques. Je me suis forcée à apprendre des choses dont je ne voyais pas toujours l'intérêt, à passer des concours et des examens, et encore des concours (et je sens que ce n'est pas fini) mais là je suis sidérée devant l'horreur ! Reprendre son calme et essayer d'être logique...

Bon, ce patient saigne : il faut donc «le remplir», prendre ses constantes, poser un garde-veine, mettre l'oxygène, biper le gastro de garde. Seule l'ASH qui pousse la porte en râlant *«Bonjour le nettoyage !»* me ramène sur terre. Ce soir-là, je donnerais n'importe quoi pour être à sa place.

Arrive sur ces entrefaites un gamin de trois ans, tombé d'une mezzanine de trois mètres de hauteur. Il hurle, se débat, n'a pas l'air mort du tout (contrairement à ce que répète sa mère en boucle) mais prétendre à un examen neurologique consciencieux dans le calme est inenvisageable! Surveillance des constantes, confusion, vomissements, céphalées. À l'époque, pas de scanner. Deux radios de crâne. Le manip tire sur sa cigarette d'un air narquois en me donnant les clichés: *«Tu as vu quelque chose? — Oh, moi, je ne suis que manip, le médecin c'est toi!»* Salaud! Il en a vu au moins 500 de radios de crâne, moi, c'est ma première en dehors des photos de mes bouquins (et de celles que je regardais distraitement quand j'étais externe). Je comprends alors tout le sens du concept de «responsabilité dans la fonction». Et à cette minute précise, je sens que ce stage et cet hôpital vont être un enfer. Je supplie le ciel d'être reçue au concours de l'internat. Plutôt mourir que continuer ce cauchemar jour après jour.

Quand je suis reçue au concours, la spécialité la plus éloignée du sang, c'est la psychiatrie. Mes parents sont horrifiés: *«Tu ne vas quand même pas faire ça!»* Eh bien, si! Tant pis si ça ne vous plaît pas, c'est quand même ma vie!

Première garde en psychiatrie. Une seule entrée en fin d'après-midi. Un jeune homme, qui a l'air en forme. Il ne saigne pas, n'est pas cyanosé, respire normalement, semble avoir ses quatre membres intacts. Bon, il se prend pour Jésus, ça ne s'invente pas, mon premier malade se prend pour Jésus. Il veut me montrer ses stigmates, je retiens mon souffle, ouf, ce sont des hallucinations visuelles, rien à nettoyer, rien à recoudre. Je m'en veux aussitôt de penser à mon confort personnel, mais ce doit être une réaction humaine, névrotique, comme je ne vais pas tarder à l'apprendre. Ce patient a l'air vraiment gentil. Il est préoccupé par l'arrivée prochaine de ses 33 ans, ce qui me paraît canonique du haut de mes 26, avant de réaliser que ce n'est pas vieillir qui l'inquiète mais mourir comme le Christ sur la croix au même âge. Les infirmiers sont calmes et rassurants. Pour un samedi d'été, on ne va pas déranger le vieux médecin aliéniste. Il ne faut pas s'en faire. En psychiatrie, on prend son temps. Cela me convient, j'ai toujours aimé prendre mon temps. Demain, après réévaluation, mes collègues essaieront de m'expliquer l'inexplicable. Tout cela a certainement un sens. Et aucun ne m'a dit: *«C'est toi le médecin!»* Je sens que j'ai trouvé ma voie.

Sans le savoir, j'avais le nom pour exercer ce métier. Dans certains milieux, il est de bon ton d'avoir un coiffeur italien, un couturier parisien, un pull en cashmere anglais, un psychanalyste juif! Mon nom m'a valu et me vaudra encore de nombreux quiproquos. Je me souviens en particulier de ce dialogue avec une nouvelle patiente:

«Ma belle-fille est frileuse, une vraie Parisienne! Même en été elle emmitoufle notre petit-fils pour la balade du soir. Et vous, vous vous êtes acclimatée à ce pays?» Je réponds sobrement (il peut m'arriver d'être laconique): *«Je suis née ici.*

— Ici?
— Oui, à Morlaix.
— Et vous vivez à Brest?
— Bien sûr!»

Elle reste bouche bée: «*Depuis des mois, j'imaginais qu'avec un nom comme le vôtre, vous veniez de Paris le lundi matin, dormiez à l'hôtel et repartiez le mardi soir après avoir vu les cas difficiles comme le mien... Je pensais être votre dernière consultante avant votre avion! J'ai eu des appuis importants, des appuis parisiens pour changer de secteur et vous avoir comme médecin, alors je pensais qu'au moins vous veniez de Paris apporter vos lumières aux Brestois... Vous n'avez pas l'air du tout d'une Bretonne et moi, je les reconnais au premier coup d'œil!*»

Je sens qu'elle va aller beaucoup plus mal puisque je ne viens pas de Paris, encore moins en avion et je n'ai pas de résidence secondaire à Tel-Aviv... L'histoire qu'elle s'était construite vient de s'effondrer en quelques mots, après un échange météorologique banal.

J'étais désolée de la décevoir, cette dame, mais je vis à Brest. Même si, pour les vrais Brestois, je suis «une fille du sud», car si mon père, Morlaisien, était du Nord Finistère, ma mère était de Concarneau. Un vrai mariage mixte!

Je vis à Brest, ce qui veut dire, selon les commentaires de certains internautes, que j'utilise des expressions incompréhensibles lorsque je quitte le Finistère et qu'en vacances, c'est le parcours du combattant pour trouver du beurre salé. Les mots qui se terminent par «-able», je les prononce en «-ap»: «incroyap!» Je fais la différence entre «rive droite» et «Bress même». J'ai passé la capacité Alcool-toxiques pour apprendre, entre autres, à calculer mon alcoolémie et j'ai appris à connaître tous les *ribins* pour éviter les *contrôles binious*[1]...

On se moque du climat de ma ville. Pourtant, au dernier classement du *Point*, Brest est 16e au Top 100 des villes les plus agréables à vivre en France. La scène de la cuite de *Bienvenue chez les Ch'tis*, je vois ça dans les rues tous les week-ends et la scène du déluge, je l'ai vécue souvent en venant de Nantes en passant le panneau «Finistère». J'ai déjà râlé après un(e) présentateur(trice) météo qui se sentait obligé(e) de rajouter «toujours» dans la phrase: *«Et le minimum demain après-midi toujours pour Brest avec 20 degrés...»* – et insulté Évelyne Dhéliat lorsqu'elle cache la pointe Finistère pour détailler les températures des autres régions le lendemain. J'ai expliqué des dizaines de fois à des non-Brestois que les perturbations vont d'ouest en est, et qu'il est donc normal que la Bretagne soit la première touchée par la flotte.

---

1. *Ribin* (prononcer «ribine»): petit chemin en breton. *Contrôle biniou*: alcootest (on souffle dans le ballon comme dans un biniou).

Il ne me vient même pas à l'idée d'utiliser un parapluie. Par contre, je n'achète plus de manteaux sans capuche et de préférence, serrée la capuche ! Quand il fait plus de 18 °C, je ne peux pas m'empêcher de m'exclamer : *« K'es'y fait chaud, hein ?! »*

Cela me coûte moins cher d'aller en avion à Londres qu'en train à Rennes. Mon centre-ville est unique en France puisqu'il s'étire sur deux grandes rues de deux kilomètres de long. Pour moi, Clemenceau, Charles de Gaulle et Jeanne d'Arc sont aussi autre chose que des personnages historiques. Je sais que l'expression « tonnerre de Brest » n'a rien à voir avec la météo ! Quand je suis exilée, je pense tous les jours à revenir à Brest. C'est la seule ville où un bus indique : « Liberté par Cavale » !

J'aurais beaucoup de difficultés à vivre ailleurs qu'à Brest et j'aime mon métier, malgré toutes les représentations qui s'y attachent et les désillusions familiales engendrées par ce choix. Ma grand-mère, elle, avait un peu honte que je m'occupe des *« dérangés »*, de *« ceux qui jouaient avec leur coiffe ou avaient chaviré leur bouillotte »*. Chirurgie, c'était plus utile quand même. En plus, je ne prescrivais même pas d'antibiotiques mais des *« cachets pour les nerfs »*... Mes enfants, eux, auraient voulu que je sois un vrai médecin, un médecin du SAMU, un médecin qui sauve des vies.

Pour la plupart des gens, je ne fais rien. Mon seul risque professionnel résiderait dans l'apparition d'escarres, à force d'être assise tout le temps ! Seule l'une de mes grands-tantes s'inquiétait du risque de méningite : *«J'espère que tu ne penses pas trop, c'est mauvais pour le cerveau !»* Pour mon grand-père maçon, j'étais au chaud et à l'abri de la pluie, même si ce n'était pas aussi bien que coiffeuse comme métier.

Un vieux patient l'avait bien compris, ce confort physique. Quand je lui ai demandé : *«Et vos journées, elles se passent comment ?»*, il m'a répondu : *«Eh bien, comme les vôtres !*

— Comment ça ?

— Je discute tranquillement avec des gens et j'ai exactement la même télé que la vôtre et la même cafetière ! Alors, ne me racontez pas d'histoire !

— Ce n'est pas une télé, c'est un ordinateur pour travailler !

— Sinon, tous les lundis, je m'achète deux bouteilles de Coca-Cola avec les dix euros de ma tutrice. Vous en avez aussi dans votre placard ?

— C'est un placard pour ranger des papiers !

— Il n'y a pas que des papiers, tout à l'heure, quand vous l'avez ouvert, j'ai vu un paquet de café, des tasses et une couverture !»

Dans son dossier, il y a écrit : «insuffisance mentale» (entre autres), mais il est le seul de mes patients à avoir deviné que mon bureau était en quelque sorte ma roulotte…

Dans ce bureau, j'ai des souvenirs de consultations, des souvenirs tristes mais surtout des souvenirs drôles. Il y a des prénoms, des odeurs, des sourires, des larmes et des rires, parfois des colères. Je ne sais jamais à l'avance ce qui va s'y passer, surtout lorsque je crois le savoir. Je classe mes souvenirs par prénoms, par thématiques, un peu comme mes albums photos.

Avant le bureau, il y a la salle d'attente. Je n'en suis pas fière. Je suis toujours en retard. Je suis née comme ça, je mourrai comme ça peut-être. (Comme Liz Taylor, je demanderai au préalable aux pompes funèbres d'arriver un quart d'heure après l'heure prévue. Dommage, je ne serai plus là pour voir les gens qui, pour une fois, n'oseront pas râler!)

Je ne sais pas organiser mon temps et la durée de mes entretiens dépasse souvent le temps imparti, celui calculé par les informaticiens pour une meilleure productivité. À l'hôpital, il faut être rentable, produire de la santé. Un chirurgien qui opère un jeune cadre dynamique d'une appendicite et lui permet ainsi de reprendre son travail rapidement est rentable et productif. Mais parler de productivité quand on reçoit des nonagénaires psychiquement perturbés...

Du fait de mes retards, j'ai une salle d'attente digne de celle d'un obstétricien débordé, sauf que dans la mienne, on n'attend pas de verdict sur le déroulement d'une grossesse, mais au pire celui d'une mort psychique annoncée, au mieux l'accouchement de toute une vie. *«Elle vous a dit beaucoup de choses?»* Derrière le regard anxieux d'une fille, il faut apprendre à décrypter le mélange d'inquiétude et de soulagement, l'ambivalence envers sa mère.

Je me souviens en particulier d'une après-midi où les secrétaires m'appellent, affolées: *«Tu es seule dans ton bureau? Parce qu'une de tes patientes s'est allongée sur trois chaises dans la salle d'attente!»* Effectivement, Philomène est allongée sur le côté, la tête calée sur son «perimper» bien plié, les jambes étendues sur une troisième chaise et somnole, sous le regard interloqué des autres patients et de deux visiteuses médicales soignées, parfumées, assises de manière bien droite et distinguée. Il y en a une que je pense n'avoir jamais vue.

Une fois dans mon bureau, Philomène se charge de m'éclairer: *«Elle vient vous parler d'un nouveau remède, formidable paraît-il, mais moi, je me méfie des voyageurs de commerce. Cette représentante ne vous connaissait pas. Quand elle m'a dit qu'elle avait rendez-vous à 15 h, je lui ai dit: "Ma pauvre dame, quand vous la connaîtrez, vous saurez que vous avez largement le temps de faire la sieste!" J'ai demandé aux autres avec quel docteur ils passaient et il paraît qu'ils sont tous pour vous! Soit vous êtes encore plus en retard que d'habitude, soit les autres docteurs n'ont pas beaucoup de malades. Alors j'ai calculé qu'avec leurs heures de rendez-vous, sans compter que vous prenez votre temps avec nous, j'avais bien le temps de m'allonger ! J'ai bien fait, vous m'avez prise avant les autres puisque soi-disant j'ai fait peur à vos secrétaires !»*

J'espère qu'elle n'a pas donné cette idée à tous mes patients ! Je frémis rétrospectivement. À une semaine près, mon chef rentrait de vacances et trouvait une salle d'attente digne d'une salle de repos de multinationale japonaise.

En fin d'après-midi, ma dernière patiente demande à ce que l'ambulancière participe à l'entretien ! *«Je préfère que l'ambulancière vienne avec moi dans votre bureau : j'ai peur de tout, j'ai même peur de vous, faut le faire pourtant ! Je le vois dans la glace, j'ai repris mon ancienne tête de bileuse, comme quand j'étais hospitalisée chez vous.»* L'ambulancière confirme : *«Quand je suis venue la chercher, elle m'a fait penser aux corps que je transporte régulièrement pour le funérarium. Regardez-la bien, vous ne trouvez pas que j'ai raison ? Sa tête, c'est une tête de mort ! Je ne sais pas si vous pourrez faire quelque chose.»*

Non seulement je n'ai pas de diplôme de thanatopracteur mais je commence vraiment à me poser des questions sur la formation des ambulanciers !

La question de l'apparence et de l'appareillage reste effectivement importante : *«Ne vous plaignez pas de votre ordinateur en panne ! Vous verrez quand vous aurez mon âge ! Je passe mes journées à faire réparer mes machines ! Mon déambulateur a crevé et la peinture s'écaille... Soi-disant c'était le dernier modèle à la mode, mais le collègue, il en a un plus joli que le mien, d'un joli bleu moderne avec une roue tout terrain ! Maintenant, c'est mon dentier ! Je sors de chez le prothésiste et hop, plus de pile pour mes oreilles ! Manquerait plus que je casse mes lunettes et ma semaine sera complète ! Heureusement que je ne travaille plus, sinon quand est-ce que je trouverais le temps de faire tout ça ? Méfiez-vous, vous qui risquez de travailler longtemps à cause des retraites à payer !»*

Peut-être faut-il que je commence dès à présent ma réserve de piles...

«Ce n'est pas la peine de crier, je n'entends rien... Je laisse mon appareil sur ma pile de draps dans l'armoire parce qu'il me fait du vent dans les oreilles. Ma fille n'est pas contente : "Payer si cher, pour qu'il reste dans l'armoire..." Je lui ai dit que vous aussi, il y avait sûrement des choses payées cher qui restaient dans votre armoire, pas vrai ?» Argument imparable, je le reconnais.

«Vous ne remarquez rien, docteur ? Vous ne me trouvez pas changée ? C'est bien ce que je dis à mon fils : pas la peine de mettre mon dentier du bas, personne n'y prête attention !»

Désormais, je regarderai les dentiers du haut et du bas, promis !

« J'ai une demande importante à vous faire : est-ce qu'on pourrait changer mon déambulateur pour des béquilles ? Parce que ça fait moins de marques dans la pelouse. Enfin, c'est ce que j'ai dit à ma femme... La vraie raison, c'est qu'un déambulateur, ça fait vieux, alors que des béquilles ça fait handicapé... » Et dans le monde actuel, entre deux maux, choisissons le plus rare...

« Docteur, vous ne me trouvez pas trop joufflue ? » Joufflue n'est pas le terme qui me vient à l'esprit pour cette vieille petite fille avec son béret rouge et son kabig, qui n'a pas dû changer de style de vêtement depuis le certificat d'études. Mais c'est sans doute la seule partie de son corps dont elle s'autorise à parler. Il faut que j'accepte cette perche... *« Vous êtes serrée dans vos vêtements ? — Je n'osais pas le dire, docteur, mais je me trouve aussi forte de hanches... »* Quand on parle de hanches, c'est pour ne pas dire fesses. Je commence à les décrypter, leurs angoisses dysmorphophobiques, surtout si elles ont passé une demi-heure dans la salle d'attente à côté des jeunes anorexiques qui viennent consulter ma collègue.

Je me retiens à temps. J'allais lui citer Madame de Sévigné : *« À partir d'un certain âge, il faut choisir entre son derrière et son visage... »* Elle a choisi, mais avec résignation et regret. *« Je vous trouve bonne mine, vous avez l'air reposé !*

— J'ai peut-être moins l'air d'être en dépression, alors? Bon, on ne peut pas tout avoir!»

Une vieille dame élégante lui succède sur la même chaise. C'est le jour, elle aussi se plaint de son poids. Je pense vraiment que la jeune clientèle de la salle d'attente les plombe! *«Je ne me fais pas trop d'illusions, vous savez. Une femme, ça vieillit comme une grosse vache ou comme une vieille chèvre. Je crois que je suis sur la voie de la grosse vache! Enfin, même si je ne vais pas vous ennuyer avec ça, je crois que j'ai un travail à faire pour l'accepter.»*

Ma journée se termine avec Louise: *«Docteur, les médicaments que vous me donnez m'ont fait tomber la poitrine dans le ventre!»* Sa belle-sœur, qui l'accompagne, toujours très soucieuse de mes prescriptions et de leur scrupuleux respect, la tance: *«Enfin, Louise, c'est le vieillissement qui fait ça! On perd de la poitrine et on gagne du ventre! N'est-ce pas, docteur?»* Moi qui, pendant des années, n'ai eu ni l'un ni l'autre… elles veulent vraiment me gâcher ma soirée! Louise est triomphante: *«Donc, vous aussi!»*

Histoires d'amour

UNE DES GRANDES CROYANCES SUR LA VIEILLESSE, c'est qu'à cet âge, il sied si mal d'aimer. Et pourtant !

Cela étonne toujours que les vieux aient des histoires d'amour ou de manque d'amour. Soyons honnêtes avec nous-mêmes : nous préférons penser que notre naissance relève de l'Immaculée Conception. Si imaginer nos parents faire l'amour crée chez nous un profond sentiment de malaise, que dire de nos grands-parents?

Ces histoires ne sont pas que platoniques, les vieux ne sont pas qu'abstinents et forcément en proie au désir de sagesse et à la sagesse des désirs !

J'étais au départ surprise par ces patients qui me dévoilaient leur vie intime. Avec l'avancée en âge, certaines inhibitions tombent et l'urgence de vivre une ultime histoire d'amour peut se faire jour. Ils savent aussi que c'est probablement leur dernière histoire, et leur dernière occasion d'être un homme ou une femme dans le regard de l'autre, de ne plus être simplement « une personne âgée ».

La manière d'aborder le sujet est très variable, et peut aller d'une demande médicamenteuse à la diffusion d'une émission télévisée. «*Je viens vous voir parce que je ne dors plus et je ne dors plus parce que je suis amoureuse! Donnez-moi un somnifère, peut-être diminuera-t-il mon sentiment amoureux.*» C'est hors AMM[2], je devrais en parler à la pharmacovigilance! «*L'homme que j'aime n'est pas libre et il a choisi de respecter son engagement.*» Les tourtereaux pétris de culpabilité se sont rencontrés à la paroisse et se jettent de tendres regards pendant l'office religieux.

Parfois, on m'annonce la couleur d'emblée en début d'entretien sous couvert de généralités: «*Les psychiatres sont modernes et savent bien que la vie affective et sexuelle, c'est capital pour aller bien!*» J'en ai fait crûment l'expérience, un jour.

«*Madame, c'est vous la psychiatre? Vous pourriez voir mon copain?*» Ce n'est pas une adolescente qui me formule cette demande mais une redoutable matrone de 70 ans qui avoisine les cent kilos et se déplace de manière menaçante dans son fauteuil roulant. Interloquée, je lui demande: «*C'est à quel sujet?*

— Eh bien, voilà, dans ce genre de maison, si on n'a personne à aimer, on crève. Ce qui est vrai dans la vie l'est encore plus dans cet endroit.

2. AMM: autorisation de mise sur le marché.

Moi, j'ai envie et mon copain, il ne peut plus rien faire, c'est de votre faute! Vous lui avez donné un médicament et c'est le contraire de ce médicament qu'il lui faut maintenant!»

Effectivement, d'après le dossier, j'ai vu il y a trois ans le monsieur en question à la demande de la direction pour le motif suivant: «Va vers les dames...» À l'époque, ses «pulsions gênantes» m'avaient amenée, en concertation avec son médecin généraliste, à lui prescrire un traitement hormonal. Et aujourd'hui, ce monsieur fait partie des gens à voir en urgence. L'équipe me demande une prescription de traitement pour les dysfonctionnements érectiles (le mot chic pour désigner la débandade), la frustration de son amie devenant de plus en plus difficile à gérer. Je me retiens d'écrire dans le dossier: *«Ne va plus vers les dames mais une dame et une seule va vers lui...»* Exemple intéressant d'intersubjectivité...

Les comportements «téméraires» de certaines «hardies», comme les décrirait ma grand-mère, renvoient à d'autres leurs frustrations et leur tristesse... Les confidences des vieilles dames sont éloquentes. À l'issue de plusieurs entretiens, certaines soupirent: *«J'aurais voulu vivre à votre époque...»* En chuchotant, elles poursuivent: *« Vous avez eu la chance de la contraception et de l'amour libre... »*

La médiatisation du sujet amène des interrogations, des réflexions auxquelles chacun tente de répondre avec son histoire singulière. Certaines ont vécu des vies sexuelles épouvantables. Un mari qui rentrait de l'usine, se jetait sur elle, «*soulagé*» en trois secondes... et sept enfants en sept ans avant qu'elle ne se décide à se barricader dans une des chambres. «*Depuis que je regarde certaines émissions à la télé, je me rends compte que je n'ai jamais eu aucun plaisir, il devait avoir un problème de "rapidité".*

— Éjaculation précoce?

— C'est ce mot-là, mais ce n'est pas facile d'en parler ailleurs qu'ici.»

Des hommes vigoureux avec peu de doigté, pour ne pas dire autre chose, malheureusement il y en aura toujours.

Une autre m'avoue: «*Ça m'a dégoûtée dès le premier soir! Heureusement il a eu des crises de nerfs et les médicaments l'ont rendu impuissant.*»

La plus touchante me dira avec ses mots: «*"L'orgasse", je ne sais pas ce que c'est, je crois bien que je ne sais même pas le prononcer. Bon, je me suis laissé faire quelques fois, au moins j'ai eu mes deux filles et ça m'a suffi. Il trouvait son bonheur ailleurs, sans doute, et il m'a quittée avec toutes mes économies...*»

Sans compter les amoureuses transies, qui attendent toujours un disparu en mer et me sortent une photo chiffonnée et jaunie de leur portefeuille en pleurant. Celles-ci s'exposent aux quolibets des veuves joyeuses: «*Parce que vous croyez que c'est toujours rigolo, un bonhomme ? Quand il rentre saoul et qu'il ne fait rien à la maison ? Quand je pense qu'on supportait tout ça, alors que ma petite fille divorce, vous savez pourquoi ? Parce qu'ils n'ont plus rien à se dire ! Vous parlez d'un motif !»*

Une autre vieille dame était « suffoquée » d'apprendre le troisième divorce de sa fille unique : *« Madame change d'homme comme de chemise, et pour elle, je suis restée cinquante ans avec son abruti de père... »*

Les incompréhensions entre générations atteignent sur ce sujet des sommets de perplexité, et parfois d'amertume. *« Quand il m'a épousée, mon mari savait que j'en avais déjà embrassé deux autres, juste embrassé, mais ma belle-mère ! Tout juste si elle ne voulait pas être là pour la nuit de noces ! Quand je pense que ma petite-fille est complexée par sa virginité (elle ne me l'a pas dit, mais je le devine), je crois que je finis par me sentir plus proche des jeunes filles musulmanes. Je perds mes repères dans ce monde. Mes autres petites-filles, elles, sont amoureuses et ne se marient pas. Je n'avais qu'une trouille, tomber enceinte sans le désirer alors que mes petites-filles n'ont qu'une peur, ne pas tomber enceintes si elles le désirent. FIV, elles n'ont plus que ce mot à la bouche !»*

Il m'arrive aussi de recueillir de véritables déclarations. En suis-je la seule dépositaire ? Je pense à Lucie dans sa maison de retraite huppée du centre-ville. Elle m'a demandé de passer après 17h30, au retour de son shopping. Maquillée, coiffée, elle regarde la télévision en compagnie d'un vieux monsieur distingué, qui se lève à mon arrivée et disparaît dans le couloir. Lucie semble perdue : *« J'ai tant de choses à lui dire et demain, il sera peut-être trop tard, vous savez bien qu'à nos âges, le pire est toujours possible... »* Elle se penche vers moi et me chuchote : *« Je crois que je suis amoureuse de lui.*

— Vous vouliez le lui dire ?

— Je pense qu'il le sait, il est loin d'être idiot. D'ailleurs, je sais bien que je n'ai pas son intelligence déjà au départ, alors, avec cette fichue maladie d'Alzheimer, j'ai un handicap de plus ! »

Gabrielle, elle, inquiète la direction de la maison de retraite où elle séjourne. *« Les aides-soignantes vous ont demandé de venir me voir ! Ça alors ! Je suis sûre que c'est mon histoire avec Albert qui les dérange ! Elles m'agacent. En fait, voilà mon projet : je me demande si je ne vais pas prendre un appartement avec Albert...*

— À 87 ans, et lui qui en a 88 ?!

— Et pourquoi pas ? C'est vrai que maintenant, c'est le genre de chose qu'on fait à 18 ans, pas à 88. Il voit mal et entend mal et moi, je vois des choses bizarres la nuit et je pleure, mais à nous deux, on pourrait peut-être s'en sortir, vous ne croyez pas ? »

C'est ce qu'on appelle une relation complémentaire en thérapie systémique, et il me semble que ce n'est pas toujours très bon.

Quant aux histoires de rencontre, anciennes ou récentes, elles sont rarement ennuyeuses, qu'elles relèvent de la Résistance ou d'une radio locale. Anna m'évoque son histoire avec une touche d'autodérision : «*La rencontre avec mon mari ? C'est tout un roman ! Il était d'une autre région, venu comme clandestin dans le Finistère pour échapper aux Allemands. Mais c'était plus fort que lui, son truc, c'était de jouer de l'accordéon dans les bals – bals clandestins, bien sûr. Toutes les filles en étaient folles, de l'accordéoniste clandestin qui jouait dans les bals clandestins. Alors, un jour, moi aussi, j'y suis allée, au bal. Et entre deux morceaux, il a demandé à mon frère : "C'est qui, la petite grosse qui ne vient pas d'habitude ?" Pas très flatteur, mais bon, il m'avait repérée ! Tellement repérée que soixante-cinq ans plus tard, on est toujours ensemble !*»

Les clandestins et les sans-papiers ont toujours fait rêver les filles, même si elles n'ont pas toutes la plastique d'Emmanuelle Béart dans l'église Saint-Bernard…

Marie, elle, ne tarit pas d'éloges sur Radio Paradis. «*J'ai connu Robert par Radio Paradis. Vous ne connaissez pas ? J'en avais vu un, mais qui ne venait que pour l'affaire, vous voyez de quoi je veux parler… En plus son tricot de corps était plein de trous. Moi, j'aime les distingués, pas vous ? Robert, lui, est venu avec un bouquet de fleurs qui ne passait pas la porte. Et ce que j'aime chez Robert, c'est qu'il est honnête ! Il ne m'a jamais volé de chèques! Vraiment, Radio Paradis, je vous conseille!»*

Pour l'instant, je n'ai pas besoin de Radio Paradis mais merci du conseil, surtout pour le chéquier, je ne tiens pas à me faire détrousser!

Il n'y a pas que les midinettes entre deux âges comme moi qui pleurent devant la rediffusion de *Sur la route de Madison*. *«Docteur, j'ai regardé un film américain à la télé hier. Vous l'avez regardé aussi? Ah bon. Je voulais avoir votre avis. Ce n'est pas possible qu'une femme perde la tête comme ça pour un homme en quatre jours? Si, vous croyez? En moins que ça, même? Enfin, ça doit dépendre des femmes. Remarquez, une fois, il y en a un qui m'a couru après! Mes huit enfants ne lui faisaient pas peur, faut croire!*

— Et alors?

— Et alors, j'ai couru devant! Ce n'est pas ce que votre mère vous a appris?

— Ça dépend des hommes...»

La patiente suivante est nettement plus volage. *«J'ai regardé pour la énième fois* Sur la route de Madison *et une fois de plus, je me suis dit: "Quelle cruche, cette Meryl Streep!" Les Clint Eastwood ne se présentent pas deux fois dans une vie, vous ne croyez pas?*

— Les Clint Eastwood sont rarement ce qu'ils paraissent être.

— Quelle rabat-joie vous faites!»

Je suis passée d'une réputation de coureuse à celle de religieuse en quelques minutes.

Et puis, j'ai mes feuilletons, mes vieux couples, mes pragmatiques – le meilleur remède à tous les chagrins d'amour.

Je vois Marie-Louise tous les mois depuis plus de dix ans. Marie-Louise a un homme dans sa vie : Paulo. Paulo est un vieux garçon qui collectionne les voitures anciennes et l'amène à la consultation en décapotable. Il reste au garde-à-vous près de sa voiture en short et en marcel, surveillé à son insu du deuxième étage par le regard perspicace de ma secrétaire. Paulo aime les coquilles Saint-Jacques et le vin blanc, se couche tard et se réveille tard, au contraire de Marie-Louise, et ne range rien. D'un commun accord, ils ont donc décidé de ne se voir que le week-end.

Marie-Louise s'est posée beaucoup de questions sur cette relation, avant de décider qu'*« un homme, c'est pratique pour les packs d'eau »*. Un argument comme un autre ! Elle décrit Paulo comme un ours, un taiseux... Jusqu'à aujourd'hui. *« Docteur, je suis en retard, j'étais au téléphone avec Paulo. Pendant une heure, il m'a dit qu'il m'aimait... »* J'ai dû lever un sourcil interrogateur, car elle a renchéri : *« Je sais que c'est vrai, car il a la diarrhée ! »* J'ai dû lever l'autre sourcil. *« Vous ne comprenez pas, visiblement ! Il a peur de mourir d'un cancer du côlon, alors il me dit tout ce qui est important !*

— Et il faut qu'il ait la diarrhée pour vous dire qu'il vous aime ? »

C'est plus fort que moi, j'éclate de rire. Marie-Louise aussi pleure de rire sur sa chaise. On ne peut plus s'arrêter… Marie-Louise repart le visage rayonnant : *« Je vais dire à Paulo qu'on a rigolé, aujourd'hui ! Vous aviez bien besoin de ça, de rire, avec tous les fous que vous voyez à longueur de temps ! »*

Je revois Marie-Louise quinze jours plus tard. *« Je suis soulagée. Même pas de cancer ! En fait, il avait de l'eczéma sur tout l'intestin, c'est ce que j'ai compris, mais ça doit être assez chic quand même, parce qu'on lui a donné des médicaments à 105 euros la boîte, c'est vous dire ! Et maintenant, je l'ai à temps plein sur le dos depuis qu'il est sorti de la clinique, vous parlez que c'est marrant ! »*

C'est sûr, le temps partiel a ses avantages… Quant au côté « chic » d'une maladie inflammatoire, je n'y avais jamais pensé ! *« Il paraît aussi que ça peut parfois être nerveux. Vous ne pourriez pas le voir, lui aussi ? Enfin, non, ce n'est pas une bonne idée, je ne serais plus aussi à l'aise pour dire du mal de lui, parce que c'est grâce à ça que je tiens ! »* On peut aussi voir ma fonction de cette manière, effectivement.

Certains motifs de consultation sont peu classiques à cet âge. Je me souviens d'une vieille dame qui s'était assise en face de moi et sans préambule m'avait annoncé : *« Je viens vous voir parce que j'ai envie de vivre ma vie. »* N'est-ce pas ce à quoi tout le monde aspire, ai-je songé en moi-même, mais en général un peu plus tôt? «*J'ai 78 ans et je me rends compte que je n'ai jamais vécu pour moi. Je me suis occupée de ma mère, de mon mari, de mes enfants et maintenant de ma sœur aînée. Nos entretiens me font du bien, même si je me rends compte que je dois être une patiente décevante. J'essaie pourtant de suivre vos conseils, de sortir, de m'intéresser à autre chose qu'à ma famille. Je n'ai pas lu les romans que vous m'aviez conseillés, j'ai trop de mal à m'identifier à qui que ce soit. À mon âge, on ne peut plus s'identifier qu'à Miss Marple dans Agatha Christie. Je suis allée au concert du dimanche à 17 h, merci pour ce tuyau, quant au cinéma, je crois que jamais je ne saurais me débrouiller dans le nouveau multisexe, euh, multiplexe...*» Silence, puis elle éclate de rire: «*Vous êtes trop finaude pour ne pas relever ce lapsus!*»

Si les vieilles dames se regardent sans complaisance, s'estiment peu désirables ou sans intérêt, il n'en est pas toujours de même pour certains vieux beaux. Ces vieux séducteurs n'ont rien de Clark Gable dans la réalité. Dans leur tête, c'est autre chose... Je renforce probablement cet effet miroir renarcissisant.

Quatre mariages suivis de quatre divorces, et François essaie toujours de faire du gringue aux secrétaires. Lorsque je lui présente mes excuses pour mon retard, il répond que les jolies femmes se font toujours attendre et que patienter était un plaisir pour lui, ce à quoi les autres patients de la salle d'attente répondent qu'il est bien le seul ! À 79 ans, il espère encore qu'une femme viendra le *«tirer d'affaire»*, c'est-à-dire de la maison de retraite où il se trouve. Pour cela, il épluche les annonces du *Chasseur français* et rêve, fait des projets. Parfois, la réalité est douloureuse et il médite sur sa vie : *«Les femmes, vous savez... Chaque fois, on croit avoir trouvé l'Amérique ! À la longue, ça fatigue et ça ruine. Sans compter les enfants... Enfin, tant que je vivrai, c'est quand même les femmes qui m'apporteront de l'espoir. Au fait, vous êtes mariée ?»*

Je vois Robert pour lui parler de sa femme que je suis depuis plusieurs années. Toujours embarrassé, ce Robert, qui va gaillardement sur ses 80 ans... *« Vous comprenez, j'ai eu une vie assez "compliquée". »* Je sais : deux appartements, deux femmes, deux fils légitimes avec l'une, une fille, qu'il a reconnue, avec l'autre, une garçonnière pour ses *«fantaisies»*, ça fatigue le cœur et ça commence à coûter cher. Et puis la légitime doit entrer en maison de retraite et compte bien *«le faire cracher»*. J'écoute Robert, j'ai un peu de mal à le comprendre... À chaque fois, il me dit que les choses sont en train de *«s'arranger»* et je me surprends à me demander laquelle il cherche à empoisonner – peut-être les deux, pour ses *«fantaisies»* ? Il arrive, rasé de près, avec son costume dernier cri, son foulard autour du cou, sa chevalière au doigt et son eau de toilette entêtante, et je meurs d'envie de lui dire qu'il est peut-être temps de raccrocher, avant le déambulateur et les dentiers du haut et du bas, mais puisqu'il y a au moins deux femmes qui se battent pour lui, pourquoi raccrocherait-il?

Histoires de vieux couples

L'AMERTUME DES « JE T'AIME, MOI NON PLUS », je connais... Ils ne ressemblent pas forcément à celui de Gainsbourg et Birkin.

Les mariages de raison avaient au moins cette absence d'illusions sur l'amour.

« C'est ma mère qui voulait que je l'épouse. Ses parents avaient du bien mais je n'en ai pas profité : le beau-père est mort à 97 ans, il y a quelques années. Nous n'avons rien en commun, mon mari et moi. Nous épluchons ensemble les légumes pour la soupe du soir, c'est tout...

— Qu'est-ce qui vous a fait rester ?

— Là où la vache est attachée, il faut qu'elle broute ! Vous ne connaissez pas ce proverbe ? »

La patiente suivante se plaint, elle aussi, de cinquante-cinq ans de « pire » et seulement deux jours de « meilleur ». *« J'avais 28 ans, il était temps que je me case. Les prétendants étaient nombreux, mais lui, il a dû insister plus que les autres sans doute. J'avais reçu une belle lettre de lui. Trois semaines après mon mariage, j'ai su que c'était sa sœur qui l'avait écrite ! Vous parlez d'une déconvenue... »*

Il y a la femme de Jean : *« Vous ne pouvez pas le garder plus longtemps ? Parce qu'il m'énerve, vous ne pouvez pas savoir ! Avant, il était en mer, ça allait, mais maintenant, je l'ai toujours sur le dos. Et puis, il est tout mou ou tout nerf, alors si vous réussissez à trouver un remède contre ça, ça m'arrangerait. Me séparer ? Divorcer ? Certainement pas, j'ai bien l'intention de profiter quand il sera mort (avant moi, c'est sûr) et si on divorce, je n'aurais plus de sous ! Je n'ai pas les deux pieds dans le même sabot… »*

Et le mari d'Adèle : *« Elle a toujours été casse-pieds. Mais maintenant, en plus, elle est sourde comme un pot. Elle ne fait rien de ses journées, à part râler sur le ménage que je ne ferais pas assez bien et me faire des scènes si mes courses durent trop longtemps. Soi-disant, j'aurais une liaison avec la caissière de l'Intermarché… Ça ne s'arrange pas dans le ciboulot. Vous ne me la prendriez pas de temps en temps ? Ça me ferait des vacances. Ah ! Cette retraite, j'étais tellement bien sur les routes comme VRP, je ne la voyais que le week-end, je ne réalisais pas ma chance. On a chacun son compte en banque, et il faut que je paie la nourriture, parce que madame a plus de frais de coiffeur que moi, c'est vous dire sa mentalité… »*

J'ai aussi rencontré le syndrome de l'apathie de la chaudière qui n'est pas dans les livres de psychiatrie : *« Mon mari ne s'est levé et habillé qu'une fois dans la semaine, pour aller acheter un gicleur de chaudière… Ça a eu le mérite de le faire se lever, mais il ne peut pas acheter un gicleur de chaudière tous les jours, vous comprenez bien.»* Je n'y connais rien en chaudière mais je crois qu'elle a raison.

Il y a les jaloux, comme Chouchou : *«Eh bien, tu as bonne mine, Chouchou ! Ici, je crois qu'on te soigne bien. Tu es moins nerveuse, tu as l'air de mieux dormir... »* Chouchou se préoccupe surtout de la date de sa sortie : *«Il fait le malin mais il ne sait pas se débrouiller tout seul... Tu te fais à manger, au moins ?*

— Le docteur a mis le portage des repas à domicile et il y a des jours où c'est très bon !»

Chouchou se tasse sur sa chaise...

«Et le ménage ? Je suis sûre que tu n'as pas passé l'aspirateur !

— Ne t'inquiète pas, le docteur a aussi prévu une aide-ménagère.

— Et pour ton bain, comment tu fais ?

— Ne t'en fais pas, Chouchou, l'aide-ménagère m'a frotté le dos !

— Docteur, je veux sortir immédiatement, je vous signe une décharge, s'il le faut !

— Mais enfin, Chouchou, repose-toi donc ! Puisque je te dis que j'ai toutes les aides qu'il faut !

— Justement !»

Et les jaloux à retardement... dont le vase a supporté beaucoup de gouttes jusqu'à la dernière, qui n'était pas la pire aux yeux de l'entourage. Personne n'a compris la femme d'Henri qui supportait tant de choses. *«Si je vous l'amène, c'est que je suis au bout du rouleau! Il met la litière du chat dans l'armoire, ses pantoufles dans le frigo, déjeune quatre fois d'affilée, sort acheter le pain à 4 h du matin. Tout ça, j'ai pu le supporter pendant cinq ans, mais là il dépasse les bornes: il m'appelle du prénom de ses maîtresses! Je n'en veux plus, mettez-le n'importe où, même si c'est cher!»*

Il y a les adultérins comme Momo – Momo ou les vertus du «parfois plus»: *«Si ça ne vous dérange pas, je l'appelle Momo...»* Bon, va pour Momo, si c'est indispensable à la verbalisation d'une situation compliquée. *«Voilà trente ans que nous sommes amis. Enfin parfois plus, parfois juste amis: il y a des jours où le physique ne suit pas...»* Petit clin d'œil, style «entre femmes, on se comprend». *«Il est veuf, je suis veuve, j'ai continué à m'occuper de lui quand sa femme est morte, ce que je ne pouvais pas faire auparavant de manière ouverte, vous comprenez aussi... J'ai même réservé sa maison de retraite, en face de chez moi.* (Sourire éclatant.) *Comme ça, nous continuerons à nous voir, avec les avantages et sans les inconvénients d'une vie à deux, comme nous l'avons toujours fait... Hein, Momo?»*

Je n'avais jamais pensé que le «parfois plus» augmentait les réservations de maisons de retraite, même si je savais que certains hôtels y trouvaient 30% de leur chiffre d'affaires...

Les fusionnels, dans la démence comme dans la mort.

Marie est démente. Dans sa maison, qu'elle occupe depuis cinquante-deux ans, elle ne reconnaît pas les lieux, s'agite tous les soirs et réprimande son mari qui a le toupet de s'allonger dans un lit qui n'est pas le sien… Marie souffre à ces moments-là de crises d'angoisse massives que Pierre n'accepte de reconnaître que difficilement. Pierre, lui, son problème est d'ordre somatique. Il pense que leurs handicaps se complètent et puisqu'ils s'aiment après soixante-quatre ans de mariage, il n'y a pas de raison qu'ils vivent ailleurs… Marie va toujours nettement mieux quand elle est hospitalisée ou en séjour temporaire, pour soulager sa fille célibataire qui s'effondre régulièrement devant ce couple parental en granit. La suggestion d'une admission définitive en établissement semble la rassurer. Pierre boude, profère des menaces de passage à l'acte si on lui enlève sa Marie… et il est hors de question «*qu'il aille dans une maison de gâteux avec elle*». Marie, qui parle très peu, prend alors la parole en lui passant la main dans les cheveux : «*Mais si, tu viendras avec moi, mignon ?*»

«*Quand Jeanine est morte, elle m'avait dit de la mettre – je veux parler de ses cendres, bien sûr – avec les poules et les canards, sur notre terrain. Je n'ai pas pu lui obéir, parce que je ne m'imaginais pas passer la tondeuse sur Jeanine, vous me comprenez ?*» J'acquiesce en retenant un sourire et en prenant un air de circonstance. «*J'ai donc mis Jeanine sous le camélia et je me suis dit au bout de deux ans qu'après ma mort, la maison serait vendue et Jeanine sous le camélia avec! Vous me comprenez?»* J'acquiesce toujours. *«Alors, j'ai sorti Jeanine de dessous le camélia mais l'urne était attaquée par la corrosion! Donc à l'occasion d'une cérémonie funéraire, j'ai négocié avec les pompes funèbres une promotion sur une urne neuve: Jeanine non plus n'aimait pas gaspiller. C'est sympa de leur part, maintenant Jeanine est dans la salle à manger dans son urne neuve!»* Moi qui adore les soldes, celles-ci seraient-elles les dernières dont je pourrai profiter?

Et puis, il y a les pragmatiques et les réalistes qui ont hiérarchisé leurs priorités.

«Ça ne vous gêne pas trop, l'appareil de votre femme contre les apnées du sommeil, la nuit?

— Vous savez, docteur, j'étais sous-marinier et je dormais près du compartiment moteur, alors, le moteur ou ma femme, c'est à peu près pareil...»

«Ah bon, vous vous inquiétez pour la mémoire de ma femme? Parce que moi, vous savez, à partir du moment où elle est propre et polie, c'est déjà pas mal!»

«Quand mon mari est mort, j'ai pris un chien. Je voulais vous dire que j'ai fait plus de kilomètres en dix ans avec mon chien qu'avec ma voiture. J'ai calculé: 1 500 km en dix ans! Milizac – Saint-Renan aller-retour, une fois par semaine. D'ailleurs le chien est mort, et la

voiture marche encore! Donc, je ne vais pas reprendre de chien.» Encore moins de mari, je suppose…

Histoires de fous

S'occuper de vieux, s'occuper de fous et s'occuper de vieux fous : tout un programme...

Une dame est accompagnée de ses filles : « *Voilà, docteur, c'est délicat, tout a commencé avec le radiateur...* » La vieille dame croise les bras sur sa chaise, indignée... « *Elles ne veulent pas me croire. Après les travaux sur le radiateur, ils sont revenus, ils l'ont magouillé, je sais encore reconnaître des morceaux de cuivre ! Tous les voisins sont branchés sur mon chauffage maintenant. Et quand je vais aux dominos, ils viennent regarder la télé chez moi, j'ai vérifié, la télé n'est pas rebranchée dans le même sens.* »

Les filles soupirent : « *Elle rentre du club pour se mettre à quatre pattes vérifier toutes les prises ! Pourtant, on vous jure, docteur, on en a passé, des après-midi chez elle, pendant qu'elle était au club, et personne n'est venu !* »

La patiente est de plus en plus exaspérée : « *Puisque je vous dis que je n'ai pas besoin de "spy" ! Ils m'ont en plus volé un litre d'huile et deux paires de bas de contention. Vous ne vous rendez pas compte du prix des choses, on voit bien. Mais je sais me défendre, j'ai ma petite idée pour me venger, je sais qui c'est...* » Les filles m'avouent alors leur inquiétude : « *Il y a un jeune dans l'immeuble qui marche avec des béquilles, on se demande si elle ne lui aurait pas fait un croche-pied ou tendu une corde dans le local à vélo, alors on a préféré venir vous voir.* »

Une carrière de détective s'ouvre à moi avec les « serial vengeuses » de l'OPAC[3].

Quelques jours plus tard, c'est Soizig qui vient me parler des travaux de ses voisins du dessus. « *J'ai vu des vieux morceaux de moquette dans le vide-ordures... Ils font exprès de la découper en petits morceaux et d'essayer de les faire passer incognito.* » J'ai beau aimer les polars, je commence à frissonner : « *Pourquoi feraient-ils ça ?*

— Je sais, ils vont installer du chauffage au sol, ce qui pour moi veut dire chauffage au plafond. Et ils vont me faire brûler à petit feu la nuit. Je le sais, j'ai des drôles de sensations... »

Je commence à me dire que mes patientes feraient le bonheur d'un auteur de thrillers...

Au moment de son admission, Claire m'apparaît excédée et angoissée : « *Chez moi, je l'entends ma voisine du n° 7. Elle commente tout ce que je fais, elle a fait un trou dans la cloison et elle me regarde, jour et nuit. Je ne peux*

---

3. L'OPAC : office public d'aménagement et de construction.

plus dormir, avec toutes les méchancetés qu'elle raconte. Quand le docteur m'a dit qu'il fallait que j'aille à l'hôpital, elle a changé ma chemise de nuit dans la valise. La jolie neuve a été remplacée par une vieille avec les manches déchirées. J'ai l'air de quoi, hein? Mais depuis que je suis chez vous, je ne l'entends plus. Je crois qu'elle ne me trouvera pas ici.» Quelques jours plus tard. *«Ça ne va du tout. C'est celle du n° 11 qui m'a trouvée. Et elle cause aussi de moi, moins méchamment que celle du n° 7 mais elle cause quand même... Il faut que j'aille en maison de retraite, vous comprenez? C'est que j'habite au n° 9! Vos médicaments ont marché contre celle du n° 7, mais pas contre celle du n° 11...»*

Comment vais-je faire remonter cet effet indésirable à l'industrie pharmaceutique?

Anne, quant à elle, ne peut plus aller dans un centre commercial! *«Docteur, les caméras me suivent dans les magasins et m'envoient des décharges électriques quand je prends un habit qui me plaît! Je suis obligée de le reposer! Je n'ai même pas pu m'acheter un paletot, l'autre jour, et les bornes de sortie ne me laissent passer que si je n'ai rien. Si j'ai un sac avec des habits neufs, au niveau des bornes, le magnétisme de ma prothèse de hanche est atteint et je ne peux plus avancer! Ça ne vous arrive pas?»*

Il y a des jours où j'aimerais que ça m'arrive, *a minima* bien sûr! Mon banquier serait ravi.

Quand j'aurai une prothèse de hanche, peut-être...

Assise dans son fauteuil, Joséphine m'observe avec méfiance et curiosité mêlées : *« Que me voulez-vous ? »* Je pose le lourd sac qui contient mes cahiers, mes ordonnances, mes tests cognitifs, mes bons de transport, mes certificats administratifs : *« Je suis docteur, pour les nerfs. Les infirmières se font du souci pour vous. »* Elle lève les yeux au ciel et ajoute une croix au bas d'une page qui en est remplie : *« Un chapelet de plus, c'est ça qui me tient... Les autres en bas, elles sont jalouses parce que je suis trop bien habillée et elles savent aussi que j'ai des relations ! Il y a de ça quarante ans, le père de Sarkozy m'a défendue dans la rue à Châteaulin. J'ai préféré m'effacer de sa vie mais maintenant, je l'attends. Il va venir me chercher en hélicoptère, c'est pour ça que je le guette par le balcon. Je sais que ça peut vous paraître invraisemblable mais c'est la vérité. Enfin, vous, au moins, je lis dans vos yeux que vous n'êtes pas jalouse... »* Dieu du ciel, il ne manquerait plus que ça ! Elle finit par sourire : *« Revenez me voir, ça me fait du bien... »* Je suis décontenancée.

Et puis, il y a mes chroniques, que je pourrais appeler Vincent, François, Paul et les autres, qui plairaient plus aux frères Dardenne qu'à Claude Sautet. Eux ont toute leur vie porté l'étiquette de fous.

Nous avons peu d'études sur ces patients qui ont survécu à la guerre, aux asiles affamés, à la chronicisation, aux cures de Sakel, aux électrochocs, aux neuroleptiques retard à fortes doses, puis à la déchronicisation, à certaines formes d'externalisation abusives dans un monde trop compliqué pour eux. Et maintenant, ce logement qu'ils ont réussi à acquérir (au temps des Trente Glorieuses, quand l'accession à la propriété était possible avec une allocation adulte handicapé), on leur demande de le quitter. Trop vieux, trop dépendants, trop épuisants pour leurs aides à domicile…

«*La psychiatrie de maintenant, c'est l'Inquisition d'hier*», me dit l'un de mes patients en colère. Ce patient très cultivé me cite Foucault: «*Savez-vous qu'il y a une mode pour les haines et les exclusions? En prison, ce sont les délinquants sexuels, en maison de retraite, ce sont les rescapés de la psychiatrie. Les propos homophobes, antisémites et racistes sont surveillés, alors on se venge sur les malades mentaux…* »

Je ne me suis jamais sentie une âme d'inquisitrice mais probablement suis-je instrumentalisée sans en prendre conscience. La traqueuse de fous parmi les vieux…

Vincent vient à sa consultation régulièrement. Il oublie son dentier qu'il ne supporte pas et ne met que «*pour voir sa tutelle*». J'ai du mal à le comprendre parfois. Ses anciens verres épais type cul-de-bouteille ont été remplacés par d'élégantes lunettes après son intervention bilatérale sur la cataracte. Quand il vient, il arbore un pull neuf acheté pour l'occasion de la consultation après *« accord de la tutelle »*. Le pantalon reste plus que douteux et les chaussons plus confortables pour prendre le bus 21. J'essaie de convaincre Vincent d'entrer en maison de retraite. Peine perdue. Son logement insalubre de psychotique, il y tient comme à la prunelle de ses yeux. L'année de la canicule, comme sa chambre sous les combles était étouffante, il a décidé de se construire *« une chambre d'été »* au fond de son jardin. Quelques parpaings, quelques tôles et le tour était joué. Dans son château de cartes, il était le plus heureux des hommes et ne comprenait pas nos réticences concernant sa sécurité…

L'hiver venu, il a décidé de repeindre quelques pièces. Les noms des pots de peinture le faisaient rêver et moi aussi par la même occasion. Les murs verts d'eau, le plancher framboise écrasée, le plafond mangue, le couloir bleu des mers du sud. Une bassine placée sous son lit et remplie de sable pour y éteindre ses mégots, que demander d'autre ? Je me sens une horrible mégère malgré la crasse et la puanteur qui règnent dans son domaine de roi. Il fait partie de ces vieux psychotiques qui ont connu la gloire de l'accession à la propriété. Peut-il y avoir mieux pour lui ? Je ne sais pas, je ne sais plus. Doit-on le laisser mourir carbonisé ou écrasé sous une poutre qu'il aura décidé de tronçonner pour donner plus de lumière ? (De Vincent, plus rien ne m'étonne !) Doit-on insister encore et encore pour une chambre aseptisée dans une maison de retraite, des repas chauds à heures fixes, des vêtements propres et secs?

François, lui, est mort des suites prévisibles d'une insuffisance cardiorespiratoire. Il n'avait jamais assez de tabac et nos entretiens tournaient souvent autour de ce problème récurrent. Depuis sept ans, je suivais François en consultation tous les mois. Plus personne ne chantera *Marinella* ou *La Vie en rose* dans la salle d'attente. Plus personne ne me demandera si j'ai déjà vu *La Grande Vadrouille*, qu'il redécouvrait tous les jours avec bonheur, comme si ce film était sorti hier. Plus personne ne me dira qu'il part en vacances à Hollywood pour avoir des autographes de stars, même de celles qui sont mortes.

Les yeux clos, il évoquait Clark Gable et Marilyn Monroe en m'expliquant son projet de se produire un jour au Quartz de Brest. L'atelier théâtre du CAT[4] l'avait toujours considéré comme son meilleur élément, disait-il. S'il n'y avait pas eu la maladie, il serait devenu lui aussi un grand acteur. François résumait sa maladie par ces mots écrits sur une carte postale lors d'un séjour de vacances: «*Une vie mouvementée par le désir, le désespoir, l'inquiétude, sans avoir les moyens qu'il faut pour être rusé... Le plus difficile, c'est de savoir se faire une raison...*»

4. CAT: centre d'aide par le travail (ancien ESAT).

Plus personne ne me dira : *« Docteur, s'il te plaît, donne-moi un fortifiant pour ma fatigue et un bon médicament pour le soir »* en m'apportant les poèmes qu'il avait composés et sa pièce de théâtre écrite pour lui. Il s'était attribué le rôle de Maria uniquement pour le costume, une grande robe noire soyeuse, comme celle de sa mère. Plus personne d'ailleurs ne me demandera une ordonnance pour une jupe noire à acheter sur le marché de Saint-Martin avec son éducatrice *(« exactement comme il t'arrive d'écrire : "à faire à domicile par une infirmière diplômée d'État" »).*

François est le seul de mes patients à avoir été pressé de rentrer à l'hôpital psychiatrique pour se faire opérer de la paupière gauche, ce qui nous a valu un mémorable fou rire dans le poste de soins infirmiers.

François était fils unique, né dans une famille aisée et brillante. Le chagrin de ses parents fut immense lorsqu'un aliéniste de Quimper confirma le diagnostic de sa maladie. Ses manières reflétaient à la fois son éducation bourgeoise et son passé asilaire. Il va me manquer. Il était un de mes bonheurs de psychiatre. Chacun a les siens.

L'insuffisance rénale de Paul, pour laquelle il refusait de se traiter, a eu raison de lui. *« Nom d'un chien, je n'ai pas mal aux reins ! Les toubibs de La Cavale*[5] *sont tous des mousses incapables*

5. La Cavale blanche est le nom du site du CHU de Brest.

d'éplucher des patates !» Alors que moi, le «*docteur Véronique*», comme il m'appelait, je ne venais pas «*l'emmerder avec des conneries pareilles*». Ce transfert massif était parfois lourd à porter. Paul avait la même casquette que mon père, rabattue sur le front, et maugréait sans arrêt. Chaque année, pour mon anniversaire, j'avais droit à un bouquet de fleurs ! Il fallait «*téléphoner à la tutelle*» quelques jours avant. Il avait des économies, il me disait toujours que je dépensais trop et que je n'avais pas besoin de tout ça pour être «*une belle poule*». J'aurais mieux fait de lui payer un coup, à lui et ses copains, et de dire «*aux dirlos des maisons de retraite qu'il était un bon gars, et qu'il ne fallait pas faire tout un cirque pour une bouteille de pinard ! Viré, toujours viré !*»

Un *remake* permanent des vieux de la vieille. Les dossiers d'inscription dans d'autres structures étaient de plus en plus souvent refusés, et Paul a fini sa vie à l'hôpital psychiatrique. L'année où il est mort, il a tenu à m'offrir une azalée en pot pour que je la plante dans mon jardin. Des conseils de jardinage m'ont été donnés, conseils que je n'ai pas réussi à suivre. Et pourtant, chaque année l'azalée refleurit et fait des pousses. Sacré Paul ! Même mort, tu es toujours dans mon jardin !

J'aime aussi les visites impromptues de Camille au centre de jour, ses propos décousus et enthousiastes. «*Je suis contente de vous voir parce que vous avez un visage souriant. Je vais mieux, je n'ai plus besoin d'aller dans une église pour entendre la voix de ma sœur. Sur un banc, au centre commercial, il y a sa voix micronisée. Je parle aux oiseaux, aux chiens et aux bébés. Et ils me répondent en hochant la tête, tous ! Qu'est-ce qu'ils sont intelligents, les chiens et les bébés ! J'ai écrit à l'ambassadeur de Hongrie pour faire ressusciter ma sœur et je lui ai donné votre nom comme gage de sérieux. Sinon, je suis contente pour le président d'Amérique parce qu'il vous ressemble, souriant et calme comme vous, sauf que vous n'êtes pas à moitié noire. C'est la seule différence ! J'étais contente, vous ne pouvez pas savoir ! Ma fille, qui est pourtant si "trintignante"* (j'ai dû lever un sourcil), *enfin, elle aime son train-train, revenait de son cours de Chine Hong Kong* (*chi kong*, je suppose). *Je lui ai tout de suite dit : "Il ressemble à mon docteur des nerfs !" Ma fille a répondu : "J'espère qu'il sera plus efficace…" Ce n'est pas gentil !»*

Histoires de déments

ONT-ILS VRAIMENT PERDU LA TÊTE ? Et l'ont-ils définitivement perdue ? Je suis une sceptique, une dubitative, même quand l'évidence est là. Je n'ai pas envie de voir, pas envie d'abandonner, pas envie de les confier à des spécialistes de la cognition... La vie psychique est là, différente, mais elle est là et aucune imagerie n'objectivera cette vie singulière. Le dément n'est pas qu'un cortex et la destruction qui l'atteint ne peut effacer en lui ce qui constitue le sujet.

Simone est une ancienne institutrice célibataire qui a consacré sa vie à ses parents, ses frères et ses neveux, comme dans *Céline*, la chanson d'Hugues Aufray. Simone perd la tête et je l'accompagne depuis sept ans dans cette perte qui a débuté par un état confusionnel. J'ai soupçonné le diagnostic, confirmé quelques mois plus tard.

Elle est toute frêle, toute menue, les yeux bleu clair, les cheveux permanentés pour la consultation, avec ses chemisiers de jeune fille bien repassés et ce sourire de brave petit soldat qui depuis le début tient le coup. Il a fallu gérer la vente de son appartement, son entrée en institution temporaire, puis définitive, sur la rive droite qui n'est plus mon secteur, la transformation du foyer logement en EHPAD[6] et toutes les tracasseries administratives successives qui, pour Simone, deviennent de plus en plus compliquées au fur et à mesure que sa mémoire s'en va.

Elle qui me demandait au départ des lignes d'écriture à faire se contente cette année de signer les cartes de vœux. Elle ne sait plus lire l'heure mais me rétorque en souriant : *« Vous non plus, mais vous, je crois que vous ne l'avez jamais su ! »*

La parole est de plus en plus hésitante, bredouillante. J'essaie de saisir la souffrance principale du moment : la panique du petit déjeuner, des dames qui frappent... Est-ce l'heure de beurrer les biscottes ou le jour du pain frais ? Être présentable, on ne sait jamais, des anciennes élèves pourraient se cacher derrière ces jeunes femmes trop aimables pour être honnêtes. C'est à son regard que je sais si j'ai entendu l'essentiel, ce que je dois ramener à son petit frère qui patiente en salle d'attente. Malou, la secrétaire, me demande : *« Comment tu peux faire, à la regarder se détériorer... »* Je déteste ce mot, détérioration. Simone est

6. EHPAD : établissement d'hébergement pour personnes âgées dépendantes.

Simone et j'ai autant de bonheur à être avec elle maintenant qu'il y a sept ans. Peut-être encore plus...

Plus je vieillis, plus je doute. Plus on me demande d'objectiver, de quantifier, de coder, d'en référer aux conférences de consensus, d'interpeller telle ou telle commission, moins j'y crois. Je sais que je rame à contre-courant mais l'essentiel à mes yeux reste de pouvoir faire en sorte que mon patient se sente un peu mieux.

La fille d'Odette, après une émission sur l'Alzheimer, veut un bilan de mémoire pour sa mère. Bon, eh bien va pour le *Mini Mental State*[7] !

« *Vous connaissez la date d'aujourd'hui ?*

— Non, et je m'en fiche, tout ce que je sais, c'est qu'il pleut et qu'ici, il pleut tout le temps, alors novembre ou juillet quand on est dans une maison comme celle-là, qu'est-ce que ça change ?

— Où sommes-nous ?

— Vous me prenez pour une idiote ou quoi ? Quelle province ? Le Finistère ! Morbihan, Côtes-d'Armor, Ille-et-Vilaine ? Je ne connais pas... La Bretagne, c'est le Finistère et c'est tout.

— Répétez après moi : citron, clef, ballon.

— Citrouille, lait, palourde.

---

7. Ou MMS : test de dépistage de la maladie d'Alzheimer.

— Répétez après moi, même si cela ne veut rien dire : pas de "mais", ni de "si", ni de "et".

— Pas de mer, ni d'hostie, ni de lait.

— Bon, faites ce qui est écrit sur la pancarte : fermez les yeux.

— Pour que vous me piquiez mon portefeuille pendant ce temps, certainement pas.

— Madame, je pense que vous faites une dépression hostile et je vais en parler à votre médecin.

— Dépression, dépression, le truc à la mode pour des minettes comme vous, qui n'ont même plus l'air de docteur, c'est ça, oui. Je n'ai pas encore perdu la tête, quoi qu'en pense mon idiote de fille !»

Le besoin d'objectiver se heurtera toujours à certaines résistances.

« Répétez après moi cette phrase : pas de "mais", ni de "si", ni de "et". Ça ne veut rien dire, mais c'est un test pour la mémoire du langage.

— Pas de mer, ni de Stiff, ni de Faix ! C'est comme ça qu'il faut dire ?»

Que répondre à cette vieille Ouessantine[8] ? Que l'utilisation des tests cognitifs s'inscrit toujours dans l'intersubjectivité, quoi qu'en disent les chercheurs neurologues… *« Ce n'est pas trop mal. Les phares, c'est important quand on vit dans une île au milieu de la mer.*

8. Le phare du Stiff est l'un des phares de l'île d'Ouessant. Le phare du Faix est situé dans l'archipel de Molène.

— Ça permet aux marins de ne pas se perdre. Dommage que ça n'existe pas dans le cerveau des vieux !

— Mais il y a des équivalents, vos tests ne sont pas si mauvais et vous ne perdez pas tout le temps la tête...

— Enfin, ils tombent quand même en panne les phares de la tête. Le Bon Dieu doit oublier de les nettoyer ou l'automatisation n'est pas passée par là !»

C'est une jolie métaphore et j'ai subitement un coup de cafard en me disant qu'il s'agit de mon dernier test ouessantin. Je me dois de la transmettre à mon successeur...

Quelques items plus bas, il y a une autre question : «*Écrivez une phrase, n'importe laquelle, celle qui vous passe par la tête. Il faut qu'il y ait un verbe et un complément.*» Je me retrouve avec des phrases variées, qui vont de «*il y a du vent frais pour la saison*» à «*la dame docteur est gentille*» en passant par «*je voudrais retrouver ma mémoire d'avant*» ou «*je suis bien avec vous*».

La plus curieuse était : «*Ma soirée est dans la salle d'attente !*» C'était une vieille dame de 86 ans, habillée en jean, marinière et Converse aux pieds : ma première vieille dame en jean de cet âge-là ! J'ai d'abord pensé qu'un galant l'attendait, ma fraîche patiente adosénescente... mais j'avais oublié que la mémoire rétrograde l'emportait en général. «*Eh oui ! En 1947, je suis allée à une soirée en Autriche avec une copine. Je n'ai pas voulu passer pour une gourde et ma soirée… elle a maintenant 62 ans et elle est dans votre salle d'attente ! Elle attend vos conclusions sur sa vieille mère, qui s'habille trop jeune à son goût… »*

Catherine a les yeux brillants aujourd'hui. Je le connais, ce regard, j'ai le même le jour des soldes…

« J'ai acheté une Twingo ! Mon ancienne voiture avait 19 ans… Je l'avais gagnée avec les Trois Suisses (les trois redoutables Suisses, comme disait l'un de mes cousins). Il fallait que j'aille à Roubaix la chercher ! Vous vous rendez compte ? Moi qui n'avais jamais pris l'avion ! J'ai demandé à l'un de mes gendres, celui qui a l'habitude de voyager pour son travail, de m'accompagner. Quand je l'ai vue sur le parking, toute rouge et si jolie, j'ai eu le coup de foudre. Je crois bien que je n'ai jamais ressenti cela pour un homme. Ça a été un crève-cœur de la vendre mais j'ai de l'arthrose dans les épaules, il me fallait une direction assistée. Je voulais reprendre une rouge, le concessionnaire m'a dit que ça faisait pompier, une bleu marine, il disait que ça faisait flic… Alors j'ai pris gris métallisé, c'est neutre. Qu'est-ce que vous en pensez ?

— C'est pour ça que vous avez avancé votre rendez-vous ?

— Mon fils me disait que vous préfériez certainement vert anis, mais ça ne se fait plus…

et que vous m'auriez poussée pour la direction assistée... »

Le pouvoir que j'ai sur le concessionnaire et le fils de Catherine me stresse brutalement. La seule chose dont je suis certaine, c'est que je préfère les hommes aux voitures et j'espère que je les cabosse un peu moins... Comme le dit Catherine, ma voiture n'est pas une voiture de docteur mais de marin en goguette, avec ses autocollants, son aspect « chiffonné » selon le vocabulaire de mes enfants petits, et le pare-chocs arrière qui menace de tomber.

Je descends dans le service pour un entretien avec Perrine, nouvelle entrée. « *Je suis pressée de sortir de l'hôpital pour conduire à nouveau ma Simca 1000 !*

— *Une Simca 1000, vous en êtes sûre ?* »

Quelques jours plus tard, Perrine me hèle dans la salle à manger : « *Docteur, vous aviez raison, c'est une 205 en fait ! Je crois que la mémoire commence à s'améliorer avec votre traitement...* »

Plutôt que de leur demander qui est le président de la République, je crois que la marque de leur véhicule m'en apprend autant sur leur état cognitif et physique.

Quant aux traitements, j'avoue être de plus en plus dubitative après certains témoignages. « *Mon mari va beaucoup mieux. Il se repère mieux dans le temps, grâce à notre chien.* » Pour moi, un chien, en dehors des repas et des nécessités de sortie, ne me paraissait pas un élément digne d'orientation temporelle... spatiale à la rigueur, et encore ! Même si la plupart des chiens ramènent leur maître en situation d'errance. Mais la suite me stupéfie : *« Notre chien a son feuilleton l'après-midi. Pour rien au monde, il ne louperait* Rex. *Il se met devant la télévision à l'heure dite et aboie si elle est éteinte ! Alors, mon mari sait que nous sommes en milieu d'après-midi. Sauf le week-end, parce que le feuilleton ne passe qu'en semaine. Le chien, on dirait qu'il le sait, il ne se met jamais devant la télé le samedi et le dimanche ! »* Le patient soupire : *« Le chien, lui, au moins, il n'a pas l'air d'avoir de l'Alzheimer ! »*

Je n'ai pas l'équivalent du MMS pour chien et je ne crois pas trop aux vocations subites de thérapeute par la médiation télévisuelle mais l'hédonisme du chien m'est bien utile ! À l'heure où on s'inquiète tant des effets des jeux vidéo sur les adolescents, je me demande si les effets de la télévision sur les vieux ne mériteraient pas un protocole de recherche...

J'entre dans la chambre d'un résident décrit comme plus triste ces derniers jours. En bruit de fond, il y a un documentaire sur de Gaulle. Il est solennel, grave et fouille dans sa penderie. *« Je fais mon sac, je vais rejoindre de Gaulle en Angleterre. Il vient de lancer un appel. Il paraît qu'il y a plein de gars de l'île de Sein qui partent. »* Le retour à la réalité est touchant : *« Je suis idiot, j'avais oublié que j'étais en maison de retraite. De toute façon, je n'avais que 16 ans à cette époque-là...* »

On dit que, dans la démence, les tâches de vie non correctement accomplies reviennent obséder le patient. S'il y a bien une chose dont je suis persuadée, c'est de celle-là !

Dans la chambre suivante, c'est plus drôle. Nous sommes en pleins Jeux olympiques d'hiver. Anna me montre son pansement à la cheville : « *À mon âge, je ne devrais plus faire de ski ! J'ai loupé une porte, mon chasse-neige n'était pas terrible et voilà le résultat : fracture...* » Elle est souriante, cherche son bonnet de laine parce que le temps au Canada est froid. Elle est aux anges, et les soins d'ulcères sont l'occasion de raconter ses exploits. J'ai simplement un peu peur qu'elle me demande si je n'ai pas vu sa médaille quelque part dans ce fouillis... Alors je change de sujet : « *Et à part ça, quoi de neuf ?*

— Un chef indien est venu me voir. Un gentil monsieur, poli, avec un beau costume de daim et des belles plumes. Quand je pense à ce que les Blancs ont fait à ces hommes, je suis écœurée ! »

J'espère ne pas rencontrer un monsieur en plumes au détour d'un couloir de la maison de retraite, on ne sait jamais. Anna poursuit : « *Mon gros souci, c'est que je m'inquiète pour la TNT. Si je n'arrive plus à voir la télé, je suis fichue !* »

Je vais de ce pas m'enquérir auprès de l'équipe des décisions prises pour régler les téléviseurs...

Histoires de névrosés

PARCE QUE MES PATIENTS SONT VIEUX, perdent la tête, on se pose davantage la question de l'état de leur cognition que celle de la structure de leur personnalité. Et pourtant, comme les paranoïaques et les schizophrènes, les phobiques, les obsessionnels, les hystériques vieillissent et donnent leur tonalité particulière aux entretiens, même pour une consultation mémoire.

Il y a des gens phobiques de la mer. Je suis bien moi-même phobique de la montagne : au bout de trois jours dans cet univers hostile, il me faut une étendue d'eau sinon j'étouffe.

Paolig vient régulièrement en consultation me parler de cette sourde angoisse qui l'étreint depuis soixante-dix-neuf ans. Sauf que Paolig défie toutes les thérapies cognitivo-comportementales de déconditionnement et les plus grands chercheurs américains ! Paolig s'est en effet marié jeune à une îlienne attachée comme une bernique à son petit caillou au milieu de la mer, et la mer, il la voit partout ! Pas moyen de lui échapper, à la mer ! Et comme il le dit lui-même : *« Obligé d'aller dessus, en plus ! »* Parfois, il ne peut pas. Arrivé à l'embarcadère, il fait demi-tour, et tous les psychotropes du monde, licites ou illicites, n'y changeront rien. Là aussi, il défie les plus grands chercheurs en pharmacologie ! J'ai beaucoup de tendresse pour Paolig, et le voir dans la salle d'attente, je sais ce que ça signifie pour lui. Le sourire radieux qu'il m'adresse alors ! Ses traits sont de nouveau marqués par l'anxiété à la fin de la consultation : *« Maintenant, il faut repartir. »*

Avant, j'y allais, sur son caillou. Mais ce n'était pas rentable. Pourtant, ce caillou devient une maison de retraite au milieu de la mer. Mais le code pour y rentrer ne se résume pas aux chiffres de l'année en cours suivis de la lettre A.

Le courrier du médecin qui m'adresse le patient suivant est assez énigmatique et amusant : *« Chère consœur, je vous réadresse Roger que vous connaissez déjà. Jusqu'à présent, il gère son syndrome dépressif à coups de boules Quies. Qu'en pensez-vous ? »*

C'est ma dernière consultation de la journée. Souriant, détendu, le patient m'explique qu'il est venu à la consultation par correction, mais qu'il va bien. Il me raconte son histoire avec beaucoup d'autodérision : *« Depuis notre dernière entrevue, j'ai divorcé et déménagé dans un autre quartier, dans un appartement plus grand, plus spacieux... Puis mon voisin du dessous s'est cassé la jambe... Tout le monde s'est intéressé à lui, ses collègues, les autres voisins. Il recevait tous les soirs. Remarquez, ce n'était pas de grandes réceptions, mais j'avais l'oreille aux aguets. Vous savez, je vis très bien depuis que je suis seul ! Quand je pense que je suis resté marié trente-sept ans, pour prendre conscience à mon âge que je suis beaucoup mieux seul ! Donc, j'écoutais mon voisin en regardant la télé et s'il recevait un coup de téléphone, j'étais fichu, je ne pouvais pas me concentrer sur la télé. Et les idées noires me trottaient dans la tête. Je voulais sombrer dans le silence, le sommeil, la détente. J'ai essayé toutes sortes de tisanes chez mon pharmacien et j'ai découvert les boules Quies. Depuis, je les mets à 20 h 30, je regarde ma télé avec le programme pour malentendants et je ne les retire que le lendemain à 8 heures. Je peux vous dire que c'est épatant ! Il m'apparaissait important de vous faire part de mon expérience. Parce que la France est le plus grand consommateur de psychotropes, vous le savez ?»*

Quelques semaines plus tard, je revois Roger : *« Vous avez l'air d'aller mieux, non ?*

— C'est normal, c'est l'été, mon voisin est en vacances ! La source de mes angoisses s'est envolée pour au moins trois semaines, j'espère ! Alors, j'ai décidé de me sevrer.

— Pas tout seul, il faut qu'on en discute. Vous n'avez pas de médicaments qui créent de dépendance, normalement, mais un traitement se diminue en général très progressivement.

— Je ne parlais pas du traitement, je parlais de mes boules Quies ! Je les mets de plus en plus tard et je les enlève de plus en plus tôt. Petit à petit, je vais peut-être m'en passer !»

Je me fais la réflexion que mettre des boules Quies pour éviter du bruit qui a disparu, c'est un cas clinique en or pour parler des dépendances sans drogues !

« Ne vous inquiétez pas, je mets à profit ce sevrage pour réfléchir sur cette espèce de phobie des bruits nocturnes. Pendant longtemps, j'ai dormi dans la chambre de mes parents, en tant que petit dernier. Je n'ai jamais su si ce que j'entendais relevait de ce que les psychanalystes appellent la scène primitive. Je sais quand même qu'ils se disputaient, ils ont fini par se séparer et, à ma grande honte, je n'ai pas souffert de leur séparation, j'étais ravi de prendre le train pour aller de chez l'un à chez l'autre. À l'époque, juste après la guerre, prendre le train, c'était un événement !» Le silence s'installe et mon patient devient songeur : *« Remarquez, c'était un train de nuit... »*

J'aime bien voir Roger, malgré mon incapacité à construire un plancher béton...

Les obsessions hygiénistes s'étendent à de curieux domaines. Je me souviens en particulier de ce vieux monsieur : *« J'ai fait don de mes organes et j'ai peur qu'on ne l'oublie. Alors, j'ai collé des autocollants partout sur ma voiture au cas où je mourrais dans un accident. Sur ces autocollants, j'ai écrit: "Prenez mes organes si je suis dans le coma."»* Je me dis que pour celui qui attend au feu rouge derrière cette voiture, ces messages doivent être assez déroutants. «*Le souci, c'est qu'avec ma tentative de suicide, je me demande si mes organes ne sont pas avariés, je veux dire abîmés par les médicaments ingurgités. Je sais, vous allez me dire que j'aurais pu y penser avant, mais maintenant, je me dis qu'au fond, en général, des vieux organes, ce n'est peut-être pas très intéressant. Un peu comme les yaourts... il y a peut-être une date de péremption?*» Je mets aussi beaucoup d'autocollants sur ma voiture aux endroits où elle est cabossée, c'est-à-dire presque partout. Mais je n'avais jamais pensé à ceux du don d'organes.

Après ces sombres propos autour de la mort et du don d'organes, je suis ravie de retrouver l'une de mes «flamboyantes» en ouvrant la porte de la salle d'attente.

Les collègues ne peuvent s'empêcher de les dévisager, mes rousses flamboyantes de 80 ans qui lisent un essai des PUF en salle d'attente, avec leurs chapeaux fuchsia et leurs imperméables orange. L'été, elles sont en tongs et débardeurs turquoise, reviennent de la plage où elles ont bronzé seins nus. C'est un bonheur de les voir, un défi au vieillissement triste et noir, une curiosité et une ouverture au monde.

L'une d'elles m'a apporté des chocolats le jour de l'élection d'Obama, le visage radieux.

Des parcours atypiques, des voyages au bout du monde à l'heure où le *low cost* n'existait pas, des rencontres étonnantes allant de Sœur Emmanuelle à Lacan, la pratique régulière de langues étrangères, des nouveaux amis en pagaille, des amours qui se terminaient avant d'avoir commencé et des moments de solitude extrême. Elles se sont trompé d'époque, me disent-elles parfois avec un sourire teinté d'amertume. Pour ce qui me concerne, elles ne mettent pas de la couleur que dans la salle d'attente.

Je pense à Françoise, Paula et Anna-Lise...

Françoise est une militante, elle ne sait parfois plus pour quoi mais elle milite. Dans sa chambre, à la maison de retraite, on retrouve diverses photos punaisées au mur. De Che Guevara à Mère Teresa, en passant par Kofi Yamgnane : *« des chics types »*, me dit-elle en pointant du pouce ces photos. Un jour d'élection, Françoise a semé la zizanie en faisant sortir un certain nombre de patients en fauteuil roulant, à l'insu des soignants ! Avec la complicité de quelques « valides », elle les poussait gaillardement en direction du bureau de vote. Et ce n'est pas une tentative de « recadrage » par la psychiatrie qui lui fera changer d'avis. Les bras croisés, sur le seuil de la porte de sa chambre, elle me toise avec dédain : *« Savez-*

vous que la manière dont une société traite ses malades mentaux en dit long ?»

Paula, quant à elle, fait partie des «avant-gardistes», comme dirait ma belle-mère. Des femmes qui ont fait du yoga et du naturisme avant l'heure, des idéalistes passionnées qui ont milité au Planning familial, au temps où on allait avorter clandestinement en Angleterre. Paula revendique ses engagements tout comme elle revendique les visites de son amant. Elle porte des joncs très fins en or au poignet droit. *«Un par homme»*, m'explique-t-elle. *«Je ne les quitte jamais et ces bijoux me suivront dans la tombe.»*

Sauf que Paula a des *«moments d'égarement»*, comme elle le dit sans trop s'inquiéter, avec le détachement et la belle indifférence que je lui envie parfois. Paula ne pouvait plus rester seule à son domicile. Elle est donc entrée en foyer logement.

Quelques jours après son admission, je reçois un appel téléphonique affolé du directeur : *«Nous n'avons encore jamais vu ça ! Elle bronze nue sur son balcon en position du lotus !»* Bien évidemment, il n'y avait pas que Paula à gérer ! Il y avait Soizic et Marie-Jeanne, appuyées sur leurs déambulateurs, qui la montraient du doigt des fenêtres de la salle à manger, la main sur leurs poitrines haletantes, comme si elles avaient vu le diable.

Ce n'était pas une urgence banale. Négocier avec Paula demande des compétences qui relèvent davantage du Quai d'Orsay que de la faculté de médecine ! Nous sommes tombées d'accord sur l'idée du paravent. Paula continuera le yoga naturiste sur son balcon mais derrière un paravent, pour préserver les cœurs fragiles de Soizic et Marie-Jeanne.

Anna-Lise vient en consultation pour me faire plaisir. Elle me l'a dit d'emblée, à l'issue d'un épisode qui avait nécessité son hospitalisation : « *Ne vous en faites pas, je continuerai à venir vous voir. C'est important d'avoir une psy. J'en ai eu un avant vous, ça s'est arrêté le jour où je l'ai croisé au supermarché alors qu'il achetait du papier toilette. C'était très intéressant pour moi ! Je suis freudienne. Même si vous n'êtes pas psychanalyste, vous connaissez sûrement ce lien avec l'argent ! Vous, c'est autre chose, avec vos médicaments, vous voulez me rendre frigide. Pour tout vous dire, ce n'est pas la frigidité qui m'inquiète mais ma perte de créativité. Vous connaissez bien ma position sur la sublimation ! Je travaille, j'écris, j'ai donc besoin de toute ma libido ! Je ne prendrai donc pas ce que vous m'avez prescrit mais je viendrai régulièrement en consultation.* »

Dire que mes collègues s'imaginent que mes patients sont ennuyeux…

Histoires de maisons de retraite

Malgré mes deux à trois semaines de congés d'été passées en Bretagne depuis plusieurs décennies, je persiste chaque année à m'acheter des robes et des jupes estivales, des sandales… que je ne porte qu'une ou deux fois et qui envahissent mon placard.

Il fait beau et relativement chaud aujourd'hui, ce qui est plutôt rare à Brest. C'est mon jour de visites en maison de retraite. J'ai donc mis ma jolie jupe blanche longue *(«celle qui bouge bien sur vous»,* m'a dit la vendeuse) et mon débardeur rose à paillettes, style *Mille et une nuits*. Déjà ce matin, j'avais un petit doute sur le caractère adapté de ma tenue. L'après-midi me conforte dans cet embarras. Je pousse la porte de la maison de retraite et une vieille dame me regarde avec ravissement : *« Vous êtes bien la danseuse qu'on attendait pour le spectacle ?*

— Euh, non, je suis la psychiatre. »

Devant son air authentiquement déçu, je crois que j'aurais dû danser…

Mon premier patient donne le ton et l'introduction. *«Ces jeunes filles qui vous parlent d'une voix suave, elles ont oublié de me mettre ma barrière de nuit. J'ai 96 ans, je ne marche plus et je respire avec difficulté, vous savez! Résultat, en plein cauchemar, je suis tombé du côté droit du lit et la sonnette était sagement enroulée sur la barrière gauche... La seule chose qui me reste, c'est de la force dans les bras. J'ai rampé jusqu'à la porte puis dans le couloir et j'ai fait peur à la veilleuse de nuit lors de sa ronde: "Mais que faites-vous là?" Je lui ai répondu: "Je me promène, ça ne se voit pas?" La déesse froide n'a toujours pas daigné s'emparer de ma vieille carcasse! Parfois, c'est comique, les maisons de retraite, vous pouvez me croire...* » Je le crois sans peine.

Déjà, les gens « qui ont toute leur tête » peuvent se donner l'illusion quelques minutes d'être James Bond. En effet, dans toutes les maisons de retraite – les EHPAD, pour faire plus chic: établissements d'hébergement pour personnes âgées dépendantes –, il y a un code pour sortir. Y rentrer, c'est facile, mais en sortir...

En général, c'est l'année en cours suivie de A ou étoile. En janvier, j'oublie que nous avons changé d'année et je trépigne devant la porte en râlant. Puis, il y a eu des « personnes âgées dépendantes » plus malignes que les autres, qui ont réussi à sortir. Quand c'est pour aller acheter des cigarettes, une bouteille de vin, des chocolats ou une paire de chaussures, je ne trouve pas cela forcément inquiétant sur le plan clinique. Tout dépend de la fréquence des sorties, bien évidemment : quatre bouteilles en une après-midi, même pour partager avec les copains, c'est ennuyeux. Quand c'est pour retourner chez sa mère, ça devient préoccupant, même si dans les petites communes, une personne de 85 ans qui cherche sa mère est rapidement signalée…

Alors, dans une logique « sécuritaire », « on » corse le code ! C'est ainsi que je me retrouve à chercher la touche calculette sur mon téléphone portable pour effectuer l'opération suivante : 15 264 x 2 – 15, le tout suivi de la quatrième lettre de l'alphabet. Et là, je panique ! La porte ne s'ouvre pas. La quatrième lettre de l'alphabet, c'est bien le D ? J'ai donc dû me tromper dans mes calculs.

Je fais pratiquer des tests de mémoire toute la journée, mais je suis coincée dans un EHPAD ! Si, en plus, une dame permanentée en violet me propose de jouer aux dominos, je suis au bord de l'état confusionnel…

Je note l'opération et je me dis que je vais la refaire tranquillement noir sur blanc dans un coin reculé. Direction les toilettes du personnel. Mais là, même affolement, la porte ne s'ouvre pas ! Une ASH qui passe dans les couloirs me sauve : « *Docteur, vous ne devez pas connaître le code des toilettes.* » Et en chuchotant, elle me glisse : « *Les quatre dernières lettres de l'alphabet suivies du sigle pour les congés annuels.* » Et elle s'en va, me laissant en plein désarroi ! Je sais que pour le poste de soins, c'est la date du Front populaire dans l'un des EHPAD, l'année de la Révolution dans un autre, le code Minitel dans un troisième. Je suis désordonnée, j'ai un grand sac de Mary Poppins, et pour y retrouver des Post-it usagés, il me faudrait presque la nuit.

La directrice sort de son bureau, l'air préoccupé : *« Vous tombez bien ! J'ai un souci avec madame Le Gall ! Depuis votre dernier passage et les nouveaux médicaments que vous avez prescrits, sa démence s'aggrave, elle a réussi à prendre du Doliprane dans le poste de soin et à sortir… Je ne sais plus que faire ! »* Je n'ose pas lui dire qu'à mon avis, madame Le Gall réagirait plutôt bien au traitement et retrouve des facultés cognitives que je suis, moi, en train de perdre à toute allure !

Une chambre en maison de retraite, c'est actuellement le lieu où nous avons toutes les chances de passer nos dernières vacances si nous avons réussi à dépasser 87 ans, et que nous n'avons ni conjoint ni enfants installés à proximité.

Quelques mètres carrés, le lit médicalisé, parfois habillé de bois, un fauteuil de vieux, en skaï, avec des accoudoirs et un appuie-tête, l'inévitable placard à portes coulissantes, une table de nuit, une desserte, quelques revues, la télévision… Serai-je un jour amenée à finir dans un tel environnement ? Moi qui ne peux vivre qu'entourée de tissus, d'étoffes, de rideaux, de coussins, de baldaquins, de vêtements suspendus que j'admire quand j'ai le cafard, de tous mes livres empilés autour de mon lit, parfois enfouis sous mes six oreillers.

Que pourrais-je y emporter ? Un tapis pakistanais qui sera responsable de ma fracture du col du fémur ? Mon vieux bureau qui ne sera pas aux normes d'hygiène ? Mes statues ? Mes poteries berbères ? Mes bijoux ethniques qu'une autre vieille toquée viendra me piquer en mon absence en jurant que ce sont les siens ?

Chaque chambre dans laquelle je pénètre raconte une histoire. Une attitude hostile peut fondre comme neige au soleil si le visiteur reconnaît la valeur affective et symbolique de l'objet vénéré.

Il y a les chambres des vieux garçons, assez dépouillées, au mieux il y a la photo de mariage de leurs parents ou des articles jaunis épinglés aux murs (le temps de leur splendeur, quand ils gagnaient des courses cyclistes ou des combats de judo, quand leur équipe de foot était montée d'une division), quelques journaux, la télévision en bruit de fond, des chaussons troués qui puent, un lit fait au carré ou pas du tout, des mégots planqués ou bien en évidence (selon le règlement intérieur de l'institution) et un patient assez apathique dans son fauteuil devant sa télé qui diffuse *Derrick* ou *Le Renard*.

Il y a aussi les chambres mal rangées, stigmatisées par la direction qui espère un traitement psychiatrique miracle pour rendre ces souillons obsessionnelles. Je n'ose pas leur dire que si un tel traitement existait, je me l'appliquerais, de même contre les achats compulsifs... D'ailleurs, elles sont souvent des acheteuses compulsives, ces vieilles dames teintes en rousse ou en brune. Il y a des colliers fantaisie, des mules à talons et à pompons, avec des strass et de la fourrure pour les plus délurées (ça me change des charentaises puantes des vieux garçons), du maquillage, des peluches, des magazines, des bonbons, de la vaisselle, des fleurs coupées au cours d'une promenade mais l'eau des fleurs n'a pas été changée et ça, les ASH, elles ne pardonnent pas. Et les bonbons mélangés au maquillage à côté des fleurs fanées...

Il y a les chambres des parfaites ménagères où tout brille, sent l'encaustique, les canevas représentant des roses ou des chevaux encadrés au mur, un couple de mariés dans un cadre ovale (mon jeu préféré, deviner qui est qui en évitant les gaffes, acquiescer devant l'évidence de la beauté de jeune fille de cette vieille dame permanentée aux cheveux violets), la basilique de Lourdes et quelques pêle-mêle devant lesquels elles sont en difficulté pour savoir qui sont tous ces bébés, joufflus, maigrichons, au milieu de jouets dans des appartements où ces arrière-grands-mères n'iront jamais. En partant, pensez à remettre la chaise où vous l'avez prise, non pas là, plus à droite, plus à gauche plutôt.

Il y a les chambres des marins, baromètre au mur, remplies de marines, de bateaux, de photos, non de leurs petits-enfants mais des bateaux sur lesquels ils ont navigué, de bibelots ramenés d'Afrique, de Madagascar ou d'Indochine. Pendant l'entretien, ils gardent les yeux rivés sur le ciel pour m'annoncer un grain et me conseiller de ne pas m'attarder, surtout à Ouessant.

Il y a les chambres dans lesquelles on suffoque de chaleur, de puanteur, d'ennui, où l'angoisse de mort suinte de tous les murs. Le silence, le temps qu'il reste à tuer… On n'allume plus la radio ni la télé, comme ça, on est déjà presque mort.

Et il y a les chambres où on a envie de se poser, comme une gamine au pensionnat dans la chambre de sa voisine. Parce qu'il fait chaud, qu'on me propose un thé dans une jolie tasse, parce qu'il y a plein de bibelots auxquels la personne tient, comme cette fameuse poupée de collection, hideuse, de Franche-Comté où elle s'était rendue en vacances avec ses parents. Cette poupée, c'est probablement pour elle l'équivalent de mes poteries berbères. On me donne le fauteuil le plus confortable ou bien je m'installe sur le bord du lit. Un bonbon, un gâteau sec, une série américaine à la télé, surtout si c'est *Drôles de dames* ou *Magnum*, j'ai envie de savoir la fin. Je me sens apaisée, je me ressource auprès de ces patients. La télé est un formidable outil de médiation et de complicité, on se surprend à rire des mêmes choses, à critiquer les méchants. On sait que ça finit bien dans quelques minutes. Ce moment où je me pose, je ne le devine jamais à l'avance, parfois on en fait un rituel. Une vieille dame m'accueille toujours en culotte et chemisier. Elle sort de son lit, n'a pas envie de remettre sa jupe tout de suite, elle préfère goûter ainsi et puis : *« Entre filles, on ne va pas faire de chichis. Servez-vous aussi en gâteau puis je vous parle de l'île de Sein et des garces de la salle à manger... »*

Il y a, comme dans toute institution, des clivages, des jalousies, des rancunes, des souffrances muettes de vieilles dames redevenues des petites filles. Les soignants réfléchissent au plan de table pendant des heures ! Et pas seulement à côté de qui la mettre, mais comment la placer dans les diagonales de la salle. Seraitelle susceptible de prendre ombrage d'un regard? Dans un sens comme dans un autre.

Il y a des histoires d'amour qui naissent, un visage de porcelaine ridé subitement fardé de bleu et de rose, un foulard de soie, un peu de rouge à lèvres au repas suivant, un visage rasé de près, une chemise neuve, une eau de toilette entêtante. Parfois c'est réciproque, parfois non, parfois c'est platonique, parfois c'est explosif : *« Le désir n'a pas d'âge et on n'a plus beaucoup de temps devant nous, alors fichez-nous la paix ! »* Il y a les cœurs meurtris, les laissés-pour-compte, les phrases assassines : *« Tout ce qu'elle a su faire dans la vie, c'est me piquer mes amoureux...* » Les hommes sont plus directs : « *Pour une fois que je sentais que j'avais peut-être ma chance... Qui ne tente rien n'a rien. L'autre, ce n'est pas mon genre, mais à mon âge, il ne faut plus être trop exigeant...* »

Les disputes aux jeux sont redoutables, le mot « tricheur » est sur toutes les lèvres, les bouderies vont durer plusieurs jours. Le Loto est un moment magique : gagner, une babiole, mais gagner...

Et puis, que serait une institution sans quelques « psychopathes » ? Ceux qui fument dans les toilettes et font sonner l'alarme incendie, troquent leurs bonbons contre du tabac, nourrissent les chats de gouttière, se maquillent outrageusement et arrivent à la salle à manger en nuisette, perchées sur des chaussures échasses, comme des starlettes de la Côte d'Azur... Moi, je les adore mes starlettes. On cause chiffons d'emblée.

Impossible de jouer les thérapeutes classiques. Je les félicite, réajuste quelques lourdeurs de poudre alors qu'elles déplorent mon absence de rouge à lèvres, me disent tout de suite si j'ai maigri, grossi, vieilli, rajeuni. Le seul point sur lequel elles s'accordent, c'est mon éventuelle élégance, l'harmonie des couleurs et des matières, la coupe, l'entretien. D'un mois sur l'autre, elles guettent mes vêtements, les commentent. Finalement, l'élégance serait-elle ce qui reste quand on a tout perdu ?

Le staff des aides-soignantes de la maison de retraite est animé. Elles sont épuisées et indignées, ces jeunes femmes… *« Il faut que vous voyiez Suzanne ! Elle accumule de la nourriture dans sa chambre, du beurre, des gâteaux, des bonbons, des fleurs qu'elle a ramassées dans le parc, sans compter ses rouges à lèvres et ses pots de crème antirides ! C'est une porcherie, sa chambre ! Et elle nous culpabilise de nettoyer, menace de se suicider. »*

À l'étage, l'ambiance est elle aussi à l'indignation. Suzanne est assise entre Pauline et Claire, le visage fermé et triste. Elle ne veut pas parler, elle ne veut pas aller dans sa chambre. Pauline est furieuse : *« Il y a de quoi, on lui a piqué tous ses bonbons ! Mais on ne va pas se laisser faire comme ça, hein Suzanne ? »* Claire renchérit : *« Ce n'est pas une psy-quelque chose qu'il lui faut, ce sont ses bonbons ! C'est tout ce qui nous reste à notre âge ! Il n'y a pas besoin d'avoir fait des études pour comprendre ça, quand même ! »*

Pauline, Suzanne et Claire gardent les bras croisés, le front haut et volontaire : *« On est toutes solidaires ! On n'a pas de syndicat, nous, raison de plus pour se tenir les coudes ! »*

Une maison de retraite, c'est un lieu de vie, un lieu de désir.

« Je voulais vous dire, docteur, que je suis assez content d'être ici finalement. Au début, ça ne me disait rien mais je me suis rapidement fait des petites amies…

— Ah bon ?

— J'ai appris quelques astuces qui marchent presque à tous les coups…

— Lesquelles ?

— Les femmes sont des handicapées de la télécommande ! Je me propose de leur apprendre. Je pose ma main sur la leur et le tour est joué… Après, il y a celles qui ont mal aux genoux : une arthrose terrible mais qui ne demande qu'à être soulagée par un innocent massage… Vous vous rendez compte ? Et puis, il y a les déambulateurs cassés, l'appareil auditif mal mis… Et comme elles sont beaucoup plus nombreuses que les hommes, j'ai le choix ! »

Je commence à me demander si je n'ai pas introduit un loup dans la bergerie… mais les trois dames qui attendent dans le couloir la fin de la consultation ont plutôt l'air de louves. Elles se jettent des regards haineux en retouchant leur rouge à lèvres.

Ginette part en vacances de Noël chez son gendre. Elle est toute excitée. « *Vous allez où ?*

— Ben, à Recouvrance ! »

Ma collègue lui conseille de faire des détours pour avoir l'impression d'être partie dans une région plus lointaine qu'un quartier de Brest. Ginette : « *Avec les travaux du tram, ça va déjà être plus long ! Mais ce sont de vraies vacances… avec des frites ! En maison de retraite, on n'en a que toutes les six semaines, j'ai calculé, alors que mon gendre, il va m'en faire trois fois dans ma semaine !* »

Ginette arbore un ensemble tunisien bleu turquoise très vif avec quelques paillettes et les «bobouches» assorties. On dirait une publicité pour le Club Med ! Pour être dans l'ambiance, elle a forcé sur l'autobronzant et la poudre soleil. On la repère à cent mètres. Elle détonne dans la population de la maison de retraite. *«C'est mon gendre qui m'a ramené ça de vacances. Ça va lui faire plaisir de me voir habillée comme ça, même si ça ne fait pas vraiment Noël et qu'il neige !»*. Ma curiosité est aiguisée. À quoi peut-il ressembler, ce gendre? Ginette se fiche de ce qu'on peut penser d'elle, de son maquillage outrancier et de ses tailleurs jaune vif et rouge cerise. *«Je suis comme vous, j'ai mon style !»*

Au fond, c'est un peu vrai, je ressemble à Ginette... Sauf que j'ai du mal à ne pas me moquer de ce qu'on peut penser de moi. Mais j'espère bien avoir un gendre qui me fera des frites quand je serai en maison de retraite ! Quelques jours plus tard, je reçois une carte postale de Ginette, une vue du pont de Recouvrance. À ma grande surprise, le gendre a cosigné la carte et m'adresse ses vœux !

Histoires de familles

On ne peut s'occuper de patients âgés sans rencontrer leur famille, quand ils en ont encore une.

Parmi les enfants de mes vieilles dames très dignes, il y en a parfois un qui me touche plus que les autres, celui que j'appelle le vilain petit canard. Souvent, si c'est aussi le préféré de sa mère, c'est l'angoisse des assistantes sociales. Il vit tout seul, parce qu'il ne s'est jamais marié ou parce qu'il n'a pas eu de chance *(« tombé sur une vraie garce »*, me raconte sa mère, la larme à l'œil). Souvent, mère et fils vivent ensemble, puisqu'ils étaient tous les deux seuls… Il a procuration sur ses comptes. C'est pratique, il lui achète ses packs d'eau et de lait en complément de ses courses de Ricard. Sauf que lors du bilan social, les comptes sont à sec et que mère et fils n'y comprennent rien. C'est sûrement une erreur de la banque…

Celui-là, il est préférable de lui donner rendez-vous le matin. Le soir, il se trompe de pavillon. Sa mère dit tout le temps de lui qu'il est un gentil garçon mais qu'il n'aime pas être contrarié. En entretien de famille, elle l'interrompt pour lui demander : *« Qu'est-ce que tu as dit, mignon ? »* Lorsqu'il s'en va, elle se tourne vers l'équipe soignante avec un sourire radieux : *« Vous l'avez vu, mon fils ? Il est gentil ! »* Je ne sais pas pourquoi on parle tant des mères juives… et si peu des mères finistériennes.

C'est vrai, il pose des questions que les autres enfants ne posent pas. Il ne comprend pas que les mutuelles, ça ne sert pas à payer les aides-ménagères, encore moins la maison de retraite et trouve scandaleux que sa mère ne reçoive pas toutes les aides auxquelles elle a droit. Lui, il a bien droit à l'AAH[9] ! Elle perd la boule depuis un moment, il le sait bien, lui. Les autres, malgré leurs cravates et leurs belles situations, ils ne se rendent pas compte.

Soit il demande à être reçu à part, surtout pas avec les autres enfants *(« c'est de l'histoire ancienne »)*. Soit il ne veut surtout pas être seul à l'entretien et guette anxieusement l'arrivée du frère ou de la sœur qui, eux, savent répondre comme il faut. Ceux-là, ce sont mes cygnes. Il y en a de toutes sortes. Il y a des cygnes arrogants et méprisants, et des cygnes touchants et résignés qui gèrent le vilain petit canard en plus de leur mère… Parce que le vilain petit canard, il est en général suivi par mes collègues, souvent ceux de l'unité d'addictologie.

9. AAH : allocation aux adultes handicapés.

D'ailleurs, il *« connaît bien la maison »* et il quitte mon bureau avec un clin d'œil en disant : *« À la prochaine ! Peut-être pour moi, cette fois-ci ! »*

L'un de mes vilains petits canards voulait partir en vacances avec sa mère : *« Ça lui aurait fait une coupure d'avec la maison de retraite ! »* Il pouvait la prendre sur le porte-bagages de sa mobylette (puisque ça faisait longtemps qu'il n'avait plus de permis) et ils seraient partis tous les deux dans le nord, à Morlaix… Pour un court-métrage ou un roman, c'était bien comme idée, mais dans la vraie vie, je préférerais alors que sa mère change de psychiatre…

Il y a des cygnes gracieux et délicats qui semblent glisser sur un lac sans vagues. Et pourtant…

Il fait nuit et le vent souffle. Je viens de prendre ma dernière patiente, officiellement mon dernier entretien de famille – un entretien de famille qui a débuté il y a cinq ans, lorsque la mère de Lucie ne voulait pas s'alimenter et que son père, lui, ne voulait que boire. Aujourd'hui, les parents de Lucie se tiennent la main, assis sur le lit de la maison de retraite, devant leur feuilleton télévisé de l'après-midi. Lucie va bien. Elle n'est venue régulièrement que pour eux. Jamais malade, un médecin traitant sur le papier pour son certificat annuel d'aptitude au sport. Il était hors de question qu'elle voie un psy pour elle, elle n'en voyait pas l'intérêt, malgré les sanglots qui secouaient ses frêles épaules… Mais tous les mois, un entretien de famille pour parler d'elle à travers eux, pourquoi pas ? Ce n'est pas académique, ça ne se fait pas, on suit la mère, pas le père, ni l'enfant. Lucie n'est pas dans ma file active…

Lucie se lève et me dit solennellement : *« Je voulais vous dire merci. »* J'ai les yeux qui piquent aussi, c'est idiot. Je n'aurais jamais été capable d'endurer tout ce qu'elle a enduré, sans jamais se plaindre, sans faire appel à ceux qui sont loin. Je n'ai pas eu à le faire, mes parents me l'ont épargné, mais j'ai toujours ce sentiment d'abandon et de non-accomplissement. Je ne peux rien dire de tout cela à Lucie.

Mais que serait la vie sans histoires de belle-mère ? Sans histoires de belle-fille, surtout ?

Hélène me fait rire avec ses trois belles-filles. Il y a la glamour qui passe ses vacances à se maquiller, l'iPod dans les oreilles, la *« fille de la cinglée »* qui refuse de lui servir un café parce qu'elle vient de balayer sa cuisine et la *« maîtresse femme »* qui était sans doute ce qu'il fallait pour ce fils, le plus fragile, dit-elle pour se consoler. Hélène a une théorie pour les belles-filles, élaborée à partir d'évidences basées sur les preuves. Elle pratique le *« 3 F »* : *« Fais des sourires, fais des cadeaux et ferme ta gueule ! »*

Je demande à Anne le prénom de sa belle-fille : *« Béatroce, euh, je veux dire, Béatrice. »*

Marie a 85 ans, neuf enfants, *« tous en vie »* (précision importante !) et qui de plus vivent dans un rayon de cinq kilomètres. Marie est une de ces grosses dames dynamiques qui vont leur chemin en écrasant leur entourage de leur bienveillance envahissante. Aujourd'hui, elle est venue *«en renfort»*, me dit-elle avec un clin d'œil. Un couple entre deux âges l'accompagne, elle souhaite que je les rencontre à l'issue de notre entretien. Elle les sort *manu militari* de la salle d'attente et les pousse dans mon bureau avec un nouveau clin d'œil: *«Je vais voir les secrétaires pour fixer mon prochain rendez-vous.»* Le couple est assis dans mon bureau et la femme me tend, tremblotante, une ordonnance: *«Ma belle-mère voudrait savoir si c'est un bon traitement que me donne mon psychiatre. Elle a insisté pour que nous vous rencontrions! Et on n'a pas osé refuser. Elle est assez commandeuse, vous savez!»* J'avais beaucoup de patientes qui se plaignaient de leurs belles-filles mais aucune ne me les avait amenées en consultation jusqu'alors!

L'ambivalence des belles-mères a tout de l'effort pour rendre l'autre folle. Soit la belle-fille travaille, ce qui veut dire qu'elle a laissé l'éducation de ses petits-enfants à des étrangers, d'où la non-réponse de ces petits mal élevés à leur dernière carte de vœux. Le salaire supplémentaire (qui peut devenir principal par les temps qui courent) n'est même pas un argument. Bien au contraire, elles s'apitoient sur leur pauvre fils qui, de ce fait, paie des impôts supplémentaires! Soit elle ne travaille pas et elle est alors suspectée de vivre aux crochets de leur fils, voire de l'avoir prémédité depuis de longues années.

Pour moi, le mot «demi-pension» est assimilé à la sauce rouge dégoûtante qu'on nous servait à la cantine en accompagnement du poisson. Je suppliais ma mère pour être externe et qu'elle ne coche plus cet horrible mot sur le carnet de correspondance : «demi-pension». Mais pour Jeanne, demi-pension, c'est son dernier bastion de féministe avant l'heure. Aujourd'hui, elle est tracassée pour son aide-ménagère, qui *«n'a pas fait l'affaire»* à la maison de retraite où elle effectuait sa période d'essai : *«Je sais bien qu'elle n'a pas inventé la poudre, mais pour passer le balai et la serpillière dans le couloir, la direction aurait pu la garder, quand même ! À part moi, elle n'a qu'un autre employeur. Pendant longtemps, elle a vécu avec un homme plus vieux qu'elle mais il est mort et cette imbécile n'avait pas pensé à se marier. Au moins, maintenant, elle aurait une demi-pension ! J'ai travaillé trente ans à l'aide sociale et j'aime autant vous dire que c'était le conseil que je donnais aux jeunes femmes : mariez-vous, pensez à votre demi-pension dès maintenant ! Je ne suis pas une romantique mais au moins, j'ai évité à certaines de mourir de faim à la vieillesse !»*

Jeanne n'a pas eu de fille, ni de petite-fille. Elle met donc ses compétences au service de son propre camp. *«Et maintenant, je dis à mes petits-fils : "Surtout, trouvez-vous des femmes qui travaillent, pour ne pas être ennuyés par des filles intéressées par la demi-pension !" Et je fais attention à l'instruction des copines qu'ils fréquentent !»* J'ai quand même quelques difficultés à imaginer ces fraîches adolescentes en croqueuses de demi-pension...

Histoires de vieux messieurs

J'AIME LES VIEUX MESSIEURS, LES VRAIS MESSIEURS, comme on n'en fera plus. Ceux qui vous laissent passer devant eux, ceux qui savent qu'il faut monter l'escalier devant vous et le redescendre aussi devant vous, ceux qui savent qu'ils doivent entrer les premiers dans un lieu public, ceux qui vous ouvrent la portière, qui vous soulèvent une valise trop lourde pour l'installer dans le compartiment à bagages, qui s'excusent de trop parler d'eux pour s'enquérir de votre santé, ceux qui vous prient de vous asseoir, ceux qui s'inquiètent du temps qu'ils vous prennent et de l'inopportunité éventuelle de leur présence ou de leur appel téléphonique, ceux qui ont l'élégance de reconnaître qu'ils se sont parfois trompés après des expériences qu'ils n'évoquent qu'avec pudeur… Ceux qui ont renoncé à comprendre quoi que ce soit au couple, et aux femmes, y compris à leur en faire le reproche… Ceux qui, malgré eux, en raison de leur date de naissance, ont fait des guerres – les guerres coloniales – qui ne disaient pas leur nom et qu'ils préfèrent avec amertume appeler des tentatives de paix ratées.

Ces vieux messieurs, j'ai toujours beaucoup de difficultés à les entendre évoquer un sentiment d'inutilité. Et plus que tout au monde, je regrette le temps où la transmission n'était pas un vain mot. Savoir qu'ils ont le taux de suicide le plus élevé me révolte.

Je n'ai jamais été une cougar, j'aime les vieux, même les plus de 80 ans. Il y a des vieux messieurs charmeurs qui gardent un sourire lumineux, une gestuelle malicieuse. Et surtout une voix sage qui a toujours ce magnétisme qui fait les grands conteurs.

Il y a les nostalgiques : *«Si vous saviez l'homme que j'étais ! Regardez ce que je suis devenu... »* C'est au temps passé et aux changements réussis que leurs récits nostalgiques se réfèrent. Ils correspondent à des instants particulièrement heureux caractérisés par une forte estime d'eux-mêmes. Ce n'est pas parce que ces périodes et épisodes de vie sont désirables qu'on les désire, c'est parce qu'on les désire qu'ils sont désirables. Je suis là pour écouter leurs histoires sur *«l'homme qu'ils étaient»* et j'écoute leur fierté, leur honte, leur désarroi, leur crédulité de jeunes hommes et leur autodérision de vieux sceptiques. Certains sont amers : pas les plus faciles à aborder !

Je pense à Robert et Henri, paysans non bios dont les écolos se gaussent...

Robert est fermé et hostile à cet entretien : *«Ma vie ? Trente-sept hectares et trois maisons, c'est tout ce que j'ai à dire et j'espère que ça vous cause...»* Ça me cause. Je me tais.

«J'en ai avalé des couleuvres, et certaines sont très longues, je peux vous le garantir. On parle du sida, maintenant, mais on a oublié comment on traitait les gosses du temps où il y avait de la tuberculose à la maison. Deux de mes sœurs en sont mortes. Du coup, à la communale, personne ne m'approchait à moins de trois mètres! J'ai fini par fuguer. Résultat, je ne sais ni lire ni écrire. J'aurais pu apprendre au service militaire en Tunisie en 1952. À la frontière libyenne, on se faisait tirer comme des lapins. J'étais peut-être illettré mais j'avais bien compris qu'en Algérie, ça allait flamber. Nous n'avions pas supporté les Allemands pendant l'Occupation, pourquoi est-ce que les Algériens devaient supporter les Français? L'histoire m'a donné raison deux ans plus tard... Ma femme? Il a bien fallu faire une fin à 31 ans passés. Je suis mal tombé mais c'est comme ça, à l'époque, on serrait les dents et on continuait. La télévision et leurs séries d'amour, ça rend les jeunes trop romantiques: la vraie vie, ce n'est pas ça!»

Il poursuit: *«Un pauvre paysan breton analphabète, mais je m'en suis sorti. Je ne suis pas bête et je suis courageux. J'ai su faire les bons choix aux bons moments, le maïs, les vaches laitières. Il faut aussi savoir arrêter quand ça ne marche plus, et réfléchir dans quoi réinvestir. Alors, si j'ai envie de dire que ma vie, c'est trois maisons et trente-sept hectares, et si vous pouviez ne retenir que ça, ce serait mieux pour tout le monde...* » Il marque un temps d'arrêt puis reprend : « *Je suis quand même d'accord pour revenir en consultation.* » Au fond, c'est le plus important.

Henri, lui, m'est adressé pour des moments de confusion. « *Vous, un docteur? Pour les nerfs? Je reconnais que quand on m'embête, je donne des coups de canne, c'est pour ça qu'ils vous ont demandé de me voir? 87 ans, ça commence à faire vieux! Vous habitez Brest? Dommage que j'aie la traite à faire, sinon je vous aurais ramenée en voiture de Milizac et on aurait pu aller au bal. Vous me plaisez vraiment beaucoup, je suis direct, je dis comme je pense, je suis un paysan mais j'ai du bien, j'ai des terres, vous savez! On a quarante ans d'écart, mais c'est rien du tout, ça!* »

Je ne suis sensible ni aux vaches ni à la terre, mais c'est la première fois qu'un homme m'invite au bal. Et son sourire lorsque je lui tends le carton du prochain rendez-vous illumine mon après-midi : « *Bien sûr que je vais répondre à votre "invitation"!* »

J'ai aussi mes marins, mes préférés, ceux de la marchande. Certains, les plus anciens, partaient comme mousses à l'âge de 12 ans. D'autres ont fait l'école maritime à l'Aber-Wrac'h. Dix-huit mois de mer parfois et des paysages dans la tête : « *La baie de Rio, il n'y a rien de plus beau...!* » L'obéissance au commandant, le regret de ne pas être gradé, parce qu'ils avaient «*des possibilités à l'école, mais pas d'argent chez les parents*». Un même regret revient régulièrement: «*Il n'y a que l'Australie que je ne connaisse pas!*»

Il y a les pêcheurs au thon d'Afrique, les frigoristes des Philippines, les rescapés des tempêtes en mer d'Irlande, les doigts arrachés au chalut, les virées à terre... Un sentiment d'appartenance perdu qui refait surface au fil des entretiens. Je pratique la thérapie par radotages, disent mes collègues. Eh oui! On peut convoquer avec tendresse ses souvenirs et rajouter des couleurs au passé en l'embellissant. Eh oui! L'évocation nostalgique peut être thérapeutique...

J'ai aussi mes «immigrés».

Il y a un nouveau patient dans la salle d'attente, très courtois et un peu inquiet: «*Si vous voulez connaître mon histoire, vous allez être servie! D'ailleurs, c'est un peu pour ça que je viens, quand même... Je suis chinois, né au Vietnam de père inconnu militaire français. Ah bon? Vous aussi, vous me preniez pour un Bigouden?*» Ma mère, du sud (Finistère), était typée elle aussi, mais elle, on la croyait asiatique ou italienne. «*Voilà, je viens vous voir parce qu'à l'âge de 75 ans, j'ai décidé de faire un voyage au Vietnam, que j'ai quitté en 1951. Ma femme a peur que ça me trouble.*»

Il me raconte une enfance émaillée de traumatismes de guerre, sous l'occupation japonaise, puis sous les Vietminh. Il évoque la famine, les cadavres dans la rue. *«Je faisais partie de ces enfants à gros ventre... Notre jeu était de voir combien de temps notre peau au poignet pouvait garder la trace d'un doigt!»* «Œdèmes blancs, mous, prenant le godet»: un QCM de l'internat me traverse l'esprit.

Réfugié sur une île dans la baie d'Along, il a appris à lire et écrire grâce à des enseignants religieux catholiques. Son premier geste a été de graver son prénom dans une grotte de cette île en 1948. Au cours de ce voyage, il souhaite retrouver cette trace. *«La boucle sera bouclée.»* Encore que... *«Vous ne pourriez pas m'emmener en Algérie, la prochaine fois que vous y allez?»* En effet, rapatrié en France, il s'est engagé dans les commandos parachutistes en Algérie pendant trois ans: *«On a juste peur, avant de sauter, que le parachute ne s'ouvre pas. Après, madame, vous savez, il ne faut pas trop penser dans la vie, surtout quand on est militaire! Et comme un idiot, je viens vous voir, justement, pour penser. Comme quoi on change en vieillissant! Après l'Algérie, c'était le canal de Suez. Pour l'Afrique noire, j'ai dit non, j'en avais ma claque, des guerres coloniales... Ça n'a pas plu au médecin militaire. En plus, il fallait que je me vaccine contre la fièvre jaune. Je lui ai dit que j'étais déjà jaune! D'ailleurs, comment ils font pour voir que les Noirs ont la fièvre jaune?»* Il éclate d'un rire tonitruant. *«Enfin, si je retrouve la grotte, promis, je vous envoie une carte postale!»*

Je sais que certains patients m'appellent Abraham la Juive ou Griner la Berbère, d'autres me croient Kabyle... Moi qui me sens perdue à l'est de Lorient ! Peut-être est-ce l'occasion de le faire enfin, ce voyage en Extrême-Orient.

Histoires de guerres

PARMI MES PATIENTS, J'AI CEUX DE LA « CLASSE 42 », qui ont toujours honte de répondre à ma question concernant leur service militaire : ils ont eu la malchance de naître une mauvaise année. Tous ceux qui avaient 20 ans en 1942 partaient sans exception travailler en Allemagne. Pétain, Laval, Hitler avaient signé cet accord de la classe 42.

Ceux de l'après-guerre, de l'Allemagne occupée, écartelés entre les méchants Boches de leur adolescence et les pauvres Boches d'un pays détruit dont ils avaient pitié.

Ceux qui parlent de Berlin détruit, des Russes et des Américains, des exécutions sommaires. Ceux qui se sont engagés en Indochine pour « voir du pays » et qui n'ont plus jamais été les mêmes par la suite.

Ceux qui me disent qu'« après-coup », c'est toujours facile de donner des leçons. La vie ne ressemble pas à un feuilleton américain…

Les choses sont rarement aussi simples qu'elles en ont l'air. La guerre laisse toujours des traces. Après la Première Guerre mondiale les anciens de Verdun, tristes et aigris, racontaient leurs cauchemars, porteurs d'une névrose de guerre honteuse et non traitée. Après la Seconde Guerre mondiale, il n'y a pas de place pour ceux qui ont souffert psychiquement, sauf pour les déportés. Concernant les guerres d'Indochine et d'Algérie, il est possible de parler de ses blessures physiques mais pas psychiques.

Ces jeunes hommes avaient tous été déclarés aptes à supporter la guerre lors d'une visite d'incorporation. Obligés de subir l'Algérie et *« le maintien de l'ordre »*, ils ont donc quitté leur famille, leur ferme, leur apprentissage ou leur travail, partant pour une guerre sans nom et sans visage. Arrivés à Marseille, ces hommes ont embarqué à bord du *Sidi-Ferruch*, du *Kairouan* ou du *Ville-de-Marseille*, ils me citent encore ces bateaux. La traversée de la Méditerranée n'a pas été pour les Bretons aussi déplorable que pour d'autres. La mer, au moins, ils connaissaient, même si les conditions d'hygiène étaient effrayantes. Pour l'immense majorité d'entre eux, c'était aussi le premier (et souvent le seul) grand voyage, le départ hors de leur Bretagne natale... Ils auraient aimé profiter de l'euphorie de ces années 1950-1960, au sortir des privations de la Seconde Guerre mondiale. Ils sont passés par bien des stades pour essayer d'être Français, abandonner leur « bretonnité », leur langue. La question de l'identité et de la citoyenneté les marquera peut-être plus que d'autres, les ramenant à leur propre histoire ? Ils n'en parlent pas. « *Parfois, il vaut mieux ne pas se poser trop de questions* », me dit aujourd'hui l'un d'entre eux.

Yves-Marie est engoncé dans des couches de vêtements superposés. Je le rencontre dans le parc. Il scrute les toits des pavillons, regarde avec suspicion les couvreurs et entraîne ses compagnons de promenade à l'abri. Il m'explique sa curieuse démarche par l'existence de bombes au bout de ses pieds et de la ferraille dans ses jambes, laissées par les « Fells ». Chez lui, il a retiré les ampoules et les douilles, vit dans le noir, un bâton en guise d'arme. Il veille.

Philippe ne se nourrit que de porc et de pommes de terre, et s'inquiète de mes retards. Il pense que j'ai été prise dans une embuscade, égorgée ou que j'ai sauté sur une mine…

Yves-Marie et Philippe, avec leurs souffrances intolérables, trouvent un sens dans leur rôle de guetteurs et leurs sourires édentés me demandent de les reconnaître dans leur histoire d'appelés en Algérie. Ils avaient quitté leurs fermes bretonnes pour découvrir un pays magnifique, mais aussi des populations indigènes qui vivaient avec leurs codes d'honneur, leurs habitudes alimentaires, leur religion.

Vincent va mal depuis qu'il a pris sa retraite. Il travaillait de nuit pour éviter d'être seul dans ses cauchemars, finira-t-il par avouer. Maintenant, ses cauchemars l'ont rattrapé et ne le laissent pas en paix. Il boit des quantités massives de vin rouge et vient de passer au whisky, plus efficace espère-t-il. Il ne peut dire à personne ce qu'il a vu, ce qu'il a fait ou laissé faire là-bas, surtout pas à sa femme, avec laquelle il n'a jamais eu de sexualité satisfaisante. Il explique que *« ça aussi, ça vient de là-bas, mais ce n'est pas facile de parler de ces trucs-là avec un médecin femme »*. Comble du comble, sa fille *« sort avec un bougnoule »*...

La nuit tombe et il commence à me dévider toutes ces atrocités. *« Il va falloir vous y habituer, tous ceux qui viennent de là-bas pètent les plombs à la retraite et vous n'êtes pas près d'être au chômage. »*

Maintenant, dans les antécédents, les familles le signalent : *« Rien de spécial, mais il faut quand même qu'on vous dise, docteur : il a fait l'Algérie »*...

Et puis, il y a la guerre froide et les deux blocs, que mes enfants n'ont pas connus et qui les font me regarder avec des yeux ronds, comme si je venais du Moyen-Âge.

J'ai deux patients, rescapés de la guerre froide. Je les appelle mes « Good-bye, Staline ». Fascinés par la Russie, ils ont appris le russe à l'école. À l'époque, c'était une langue d'avenir si on voulait aller dans l'aviation... À la retraite, ils continuent à épuiser les jeunes profs des maisons pour tous, à critiquer la prononciation. Avec Antoine, on discute de la librairie du Globe à Paris. Les polars que je lui ai conseillés ne lui ont pas plu : trop d'imprécisions dans les noms propres dans la version française.

Son dernier rêve, le Transsibérien… *«Je deviens vieux. Et puis, c'était les Russes sous Staline qui me plaisaient… ça va vous choquer… les intellectuels ont souffert mais la classe moyenne vivait bien. L'ex-URSS, c'était quelque chose… J'y ai cru et je souffre de voir ce que c'est devenu, gouverné par la mafia. Je n'aime pas les pays du sud, j'aime le nord, le froid. Je n'aime pas le soleil d'hiver, les couleurs sont trop froides, j'aime le soleil d'été, mais ce que je préfère, c'est la pluie, le vent, j'aime quand ça bouge… L'immobilité et le silence du soleil de plomb me stressent. La neige, je ne connais pas sauf les deux jours de cet hiver à Brest mais ça ne doit pas être ça, la vraie neige. Et pourtant, je voudrais faire le Transsibérien avant de mourir… »*

C'est devenu un rituel entre nous. Quand Antoine vient, je lui pose la question : *«Alors, ce voyage ?»*

Dans mes histoires de guerre, il y a aussi des femmes, des femmes courageuses qui ont passé leur vie à se taire jusqu'à ce que la grande vieillesse les rattrape et leur enlève leurs filtres protecteurs…

Je pense à Valentine, dont les troubles psychocomportementaux de la maladie d'Alzheimer déroutent les soignants plus que d'habitude. Valentine crie, se croit dans un train et vient de voir passer le contrôleur qui lui a offert un jus d'orange, m'expliquent les aides-soignantes : *« Quand elle est rentrée ici il y a trois mois, elle n'était pas comme ça. Elle n'est plus d'accord pour rester ici, dit qu'elle a une autre chambre à l'hôtel... Que lui répondre ? »*

Une fois de plus, je me sens impuissante. Plus ça va, moins je crois à la recette miracle qui permettrait à ces jeunes femmes fatiguées de continuer ce métier difficile. Dans les manuels de l'accompagnant Alzheimer, il y aurait des phrases clefs à utiliser, du style : *« Vous pensez donc à votre maison ? »* ou : *« Pour ce soir, vous allez rester dans cette chambre même si vous pensez que ce n'est pas la vôtre... »* Valentine, je ne connais presque rien de son histoire de vie, à part qu'elle aimait tricoter et tenir sa maison. Sur le génogramme établi par l'équipe, je vois que son mari était d'origine espagnole. Mariée après la guerre, elle aurait milité dans une association de déportés. Ces deux éléments me mettent la puce à l'oreille. Je crois que Valentine a autre chose à dire que sa passion pour le tricot.

Elle s'effondre à l'entretien, entre colère et chagrin : *« Mettre des vieilles femmes dans des cages à poules, les priver de papiers et d'argent, vous trouvez ça normal, vous ? Moi non ! »* Patiemment, j'essaie de reconstituer son histoire de vie. Elle ponctue ses phrases de *« ça ne vous dit rien ? »*.

Et son mari, réfugié de la guerre d'Espagne, militant politique. En travaillant sur l'alignement des rails depuis Argelès où il dormait sur le sable, il a fini par atteindre Brest et la rencontrer. Déporté à Dachau après un attentat manqué. *«Sur les dix pris, ils en ont fusillé un à Penmarc'h : être espagnol et mourir pour la France, ça ne vous dit rien ? Ce n'était pas lui le fusillé ! Mais Dachau. Des colis d'Espagne où les poux des pull-overs résistent à huit jours dans la neige, ça ne vous dit rien ? Il était avec Miro, son compagnon catalan de toujours. Ils travaillaient déjà ensemble en Espagne... Il m'a parlé de sa déportation, à moi et moi seule. Mes fils n'en ont rien su...»*

Valentine veut mourir. Ce qui lui restait de son mari, c'était sa maison, dont il avait fait la charpente et toutes les fenêtres. Cette petite chambre de maison de retraite, ça lui rappelle sa chambre d'hôtel lorsqu'elle allait en Espagne, sous Franco. Elle avait peur, Valentine la Bretonne. *«Partir si loin dans un autre pays, ce n'était pas si facile.»* Valentine s'enfermait à double tour, comme elle le fait aujourd'hui. Elle a mis un papier sur la porte : *«Papa, je me repose, si c'est toi, crie ton nom, je t'ouvrirai.»*

Je ne sais pas pourquoi (ou plutôt, je ne le sais que trop), j'associe cette phrase au poème d'Éluard : *Liberté, j'écris ton nom...*

Si, Valentine, tout cela me dit quelque chose. Ce soir, j'ai retrouvé votre Fernando en tapant «Espagnols de Bretagne et Dachau» sur Google. Miro n'était pas celui que je connaissais, mais un autre Miro, un petit Catalan lui aussi. En face de leurs noms et matricules, il y a écrit : «Revenu».

Il y a même eu une exposition à Rennes en février 2008 sur ces Espagnols, organisateurs de la Résistance en Bretagne.

En sortant du bureau, mon stagiaire me demande : *« Vous croyez que ça sert à quelque chose de lui avoir fait raconter tout ça ? À elle, je veux dire ? »* Je pense à cette phrase de mon ancien chef de service : *« Je suis celui qui a eu cette histoire-là… »* Servir à quelque chose, je ne sais plus trop ce que cela veut dire. Si cela ne sert à rien, je ne vois pas l'intérêt de continuer ce métier.

Cavale

«LA CAVALE BLANCHE[10]? PSYCHIATRIE DE LIAISON? *Comme un agent de liaison? Ah bon, ça n'a rien à voir avec de l'espionnage? Dommage...»* Je sens la perplexité monter chez ce vieux psychotique que je connais depuis dix ans, à qui je viens d'annoncer mon départ. J'essaie d'expliquer simplement mes futures fonctions. *«Si je comprends bien, vous allez passer juste avant le prêtre, alors?»* Dans certains services, c'est un peu ça, en effet. *«L'avantage, c'est que si je fais une pneumonie, vous viendrez me voir, vous serez sur place.»*

Le dialogue ci-dessous résume dix ans de suivi.

«Celle qui vous succède, elle aussi sera tout le temps en retard parce qu'elle aura fait les magasins pour s'acheter des habits chics?

— Non non, rassurez-vous!

— Ah bon, elle ne s'habille pas chic?

— Mais si bien sûr, et puis, elle est plus jeune!

---

10. Voir la note 5, p. 58.

— Moi, je préfère les vieilles, ça comprend mieux les gens.»

Comme quoi, on a les réponses qu'on mérite...

Le patient suivant a d'autres interrogations.

«Oh la la, la tuile! Vous n'êtes pas virée, au moins? Parce qu'avec vos retards... Je me disais d'ailleurs que j'allais vous proposer une montre chaîne, pour vous mettre l'heure au cou! (Pour les hommes, on dit bien se mettre la corde au cou, non?) Comme vous avez souvent beaucoup de sacs, vous ne pouvez pas toujours regarder votre poignet! Et puis, pour vos gosses, changer de maison, changer d'école... Ah bon! Vous ne changez pas de logement principal? Ben alors, ce n'est pas un vrai départ! Mais je vous aimais bien, quand même, alors tant qu'à partir, j'aurais préféré que vous partiez loin! Vous faites exactement comme mon ex-femme, prendre un appartement en face du mien!»

Le dernier est encore plus pragmatique.

«Ça va faire drôle de ne plus vous voir dans le service et les allées de l'hôpital. C'est comme un chien. On s'attache. Et quand il n'est plus là, ça fait tout drôle... »

C'est un peu vexant, mais il est vrai que je ne suis pas un ponte de la neurochirurgie ou de la chirurgie thoracique.

Je ne sauve pas de vies, j'accompagne les dernières années, les années de bilan, les années où le passé prend largement le pas sur l'avenir, où la liste des possibles se restreint, où il faut accepter cette moindre importance dans son environnement. En fin d'entretien, je pose souvent cette question : *« Vous êtes content de la vie que vous avez eue ? »*

Il y avait des jours où je n'en pouvais plus, où tout me semblait si dérisoire, où j'avais l'impression de ne donner que des coups d'épée dans l'eau. Des jours où je regrettais de ne pas être professeur de claquettes ou photographe. Mais je pense que je rirais moins, que mon univers serait différent en termes d'expériences humaines.

Je travaille en psychiatrie depuis vingt-cinq ans et, de tous les malades dont j'ai eu à m'occuper, les vieux sont ceux qui m'ont le plus donné, et auprès desquels j'ai le plus appris. Combien de fois ne suis-je pas sortie plus détendue d'une visite en maison de retraite, après des entretiens empreints de drôlerie et de finesse ?

La transmission de ces expériences singulières ne m'est jamais apparue vaine, confortée que j'étais souvent par le léger sourire satisfait du conteur : *« Ah bon ! vous ne saviez pas ça ? »*

Aucune technicité, aucune imagerie performante, aucun désordre biochimique ne pourra expliquer la singularité de ce parcours, le mystère de cette destinée, de cette vie qui n'en finit pas.

C'est tout un art de vieillir, tout un art de mourir et malheureusement, cela ne ressemble jamais à l'image d'Épinal du beau vieillard aux cheveux blancs qui s'éteint calmement dans son lit, entouré de ses proches, *pianissimo*...

Vieillissimo, ce peut être pimpant, piquant, malicieux, drôle, mais ce n'est jamais facile...

Table des matières

Préface, *Arthur Dreyfus* 7
«Je crois qu'elle ne fait que les vieux» 9
Histoires d'amour 29
Histoires de vieux couples 43
Histoires de fous 51
Histoires de déments 61
Histoires de névrosés 71
Histoires de maisons de retraite 79
Histoires de familles 91
Histoires de vieux messieurs 99
Histoires de guerres 107
Cavale 115

Conception, réalisation : Presses de l'EHESP
Achevé d'imprimer sur les presses
de l'imprimerie Jouve à Mayenne
Dépôt légal : janvier 2014
N° d'impression : 2142637U

IMPRIMÉ EN FRANCE